조선시대
민중들은
어떻게
살았을까?

조선시대 민중들은
어떻게 살았을까?

초판 1쇄 인쇄 | 2018년 6월 8일
초판 1쇄 발행 | 2018년 6월 15일

지은이 | 이수광
펴낸이 | 박영욱
펴낸곳 | (주)북오션

편 집 | 허현자
마케팅 | 최석진
디자인 | 서정희 · 민영선

주 소 | 서울시 마포구 월드컵로 14길 62
이메일 | bookrose@naver.com
네이버포스트 | m.post.naver.com
전 화 | 편집문의: 02-325-9172   영업문의: 02-322-6709
팩 스 | 02-3143-3964

출판신고번호 | 제313-2007-000197호

ISBN 978-89-6799-315-3 (03910)

이 도서의 국립중앙도서관 출판예정도서목록(CIP)은 서지정보유통지원시스템
홈페이지(http://seoji.nl.go.kr)와 국가자료공동목록시스템
(http://www.nl.go.kr/kolisnet)에서 이용하실 수 있습니다.
(CIP제어번호: 2016024634)

조선시대 민중들은 어떻게 살았을까?

이수광 지음

북오션

조선의 슬픈 자화상,
'갑질' 아래 얼룩진 민중들의 삶과 사랑

《조선시대 민중들은 어떻게 살았을까?》는 중인 이하의 신분으로 잡초처럼 살았던 사람들의 애잔하고 서러운 이야기다. 신분은 낮지만, 당대의 그들은 시대와 불화하면서 자신의 인생을 개척하기 위해 때로는 처절하게 몸부림치고, 때로는 광인이 되어 부평초처럼 떠돌고, 때로는 목숨을 잃기도 했다.

이 책에는 역관, 의원, 과부, 종, 기생, 아전, 맹인, 농사꾼의 아내, 단청장, 검객과 무인 등 정사에서는 결코 만나기 어려운 조선시대의 홀대받고 천대받던 다양한 비주류들이 등장한다.

시각장애인 김운란은 눈이 보이지 않아 괴로워하다가 어느 날 아쟁 소리를 듣고 피눈물 나게 연습을 하여 귀신까지 울게 할 정도로 조선 최고의 명인이 된다. 또, 단청을 칠하는 장인이 피리의 대가가 된 단청장 장천용, 18세기에 검무를 유행시킨 밀양 기생 운심, 여자 백정 임생, 전국에 아들만 83명을 둔 정력가 김생과 조선시대 한양의 뒷골목을 주름잡은 검객과 협사들이 있다. 한낱 노비였기 때문에 비참하게 살았던 여자들도 있다. 주인에게 겁탈을 당하지 않기 위해 세 번이나 도망을 친 여종 효양은 첫 번째는 몽둥이에 맞고, 두 번째는 인두로 지지는 포락형을 당한다. 세 번

4

째 달아났다가 잡혔을 때는 발목에 구멍을 뚫어 삼줄로 묶어놓는 벌을 받는다. 마침내 주인 유효손이 고발되어 국청의 조사를 받고 속공된다. 주인 유효손이 중국 상나라 때 폭군 주왕이 실시했다는 가장 잔인한 형벌을 노비에게 했다는 것은 조선시대 노비의 삶이 얼마나 열악했는지를 보여준다.

강원도 바닷가 평해군 황보리에 사는 조선의 평민인 안선원. 키는 작고 얼굴은 볼품없고 말투까지 어눌했던 사람이었다. 누가 욕을 해도 얼굴을 붉히지 않고, 침을 뱉어도 낯을 찡그리지 않는 그의 인생은 가장 낮은 곳에 살면서도 가장 평범하게 살고자 했던 조선 평민의 꾸밈없는 모습이었다.

거문고 하나로 장안의 미인들을 품에 안았던 금사 이원영. 화려했던 시절을 보내고 눈조차 보이지 않게 되자 수원으로 낙향하여 거문고를 연주하면서 인생의 덧없음을 한탄한다.

크게 드러나지 않고 먼지처럼 작은 삶으로 이 땅에 왔다 역사의 밑바닥에 깃들었다 사라져간 그들의 인생을 이 책을 통해 다시 일으켜 세워본다.

이수광

차례

머리말 조선의 슬픈 역사, '갑질' 아래 얼룩진 민중들의 삶과 사랑 • 4

1장 아들만 83명을 둔 정력가 소금장수

1 어린 자식을 오늘 아침에 구렁텅이에 버렸다오 - 모자별(母子別) • 10

2 아들만 83명을 둔 소금장수 - 정력가, 김생 • 19

3 최고 책장수 - 술만 먹고 산, 조생 • 26

4 천하장사 품팔이꾼의 눈물 - 송(宋) 장사 • 32

5 임금의 군악대를 잔치에 불러들인 불한당 - 거지 왕초 • 44

6 정체를 알 수 없는 협녀 - 파주 여인 • 53

2장 조선의 사랑쟁이, 책 읽어주는 남자

1 못난이로 한 평생 살아가기 - 바보, 안선원 • 62

2 살아서는 신을 삼고 죽어서는 거적에 싸인 - 짚신 삼는 노인, 유군업 • 75

3 책 읽어주는 남자 - 전기수(傳奇叟), 이업복 • 81

4 천하 호걸 - 구팔주 • 91

5 왕명에도 굴복하지 않았던 강직한 사내 - 아전, 김수팽 • 103

6 세상을 등지고 산 - 이인(異人), 진종환 • 112

3장 꽃으로 피지 못한 변방의 예인(藝人)들

1 세 가지가 없던 - 심의, 안경창 • 124

2 귀신을 울린 아쟁 소리 - 장애인 악공, 김운란 • 139

3 떠돌이 예술가, 세상을 방랑하다 - 퉁소 장인, 장천용 • 153

4 천하를 조롱한 비운의 천재 - 화가, 임희지 • 163

5 꽃처럼 떨어지면 장한 일이 아니겠는가 - 검무의 달인, 운심 • 177

6 바람에 날리는 잡초 같은 인생 - 가야금의 장인, 이원영 • 193

4장 조선 여인의 비참과 한, 하늘이라고 알까

1 조선 평민 여자로 사는 신산스러움 - 선산 여인, 향랑 • 204

2 관노보다 더 비참한 삶을 산 - 여종, 효양 • 216

3 죄수가 저자도에 살다 - 여자 백정, 임생 • 236

4 엄마 찾아 3만 리 - 동래 노파 • 250

5 사는 것이 지옥 같다 - 임 여인 • 265

6 한 맺힌 고금도 처녀바람 - 역적의 딸, 장녀 • 275

김생이 강원도의 태백산에 가까운 마을에 이르렀을 때였다. 이집 저집에 소금이며 미역을 팔고 밤이 되어 부잣집에서 하룻밤을 쉬게 되었다. 주인은 대처 소식이 궁금하다면서 김생에게 저녁을 차려주고 술까지 대접했다. 이런저런 이야기를 하던 끝에 김생이 아들만 스무 명이 된다고 하자 부자가 탄식했다.

"그럼 여아(女兒)는 얼마나 되오?"

1장

아들만
83명을 둔
정력가
소금장수

1
어린 자식을 오늘 아침에
구렁텅이에 버렸다오
모자별(母子別)

조선은 농사를 천하지대본(天下之大本)이라고 불렀다. 조선이 농경 사회였기 때문에 대부분의 생업이 농사로 이루어졌고 경제 활동 전반이 농작물 거래로 이루어졌다. 그러나 농민 중에 부자로 사는 사람들은 없었다. 조선의 지배층인 사대부와 양반이 대부분 농지를 소유했고, 농민들이 소유하고 있는 농지는 터무니없이 적은데다 농민들은 군역(軍役)과 부역(賦役), 세금까지 담당해야 했다.

1년 내내 농사를 지어 근근이 입에 풀칠을 하던 농민들은 흉년이 들면 먹을 것이 없어서 유민(流民)이 되어 떠돌아다녔다. 특히 조선 후기에는 광작(廣作)까지 실시되어 농민들을 유민으로 만들었다.

가을이 되어도 수확할 것이 없는 농민들에게 아전들은 각종 세금을 부과하여 허덕이게 만들었고, 세금 낼 돈이 없는 농민들은 농토를 버리고 구걸을 다니다 눈보라 속에서 얼어 죽거나 굶어 죽었다. 게다가 몇 년에 한 번씩 전염병까지 창궐하여 가난한 농민들을 죽음의 구렁텅이로 이끌었다.

길에서 만난 걸인 모자(母子)

선조 때의 명신 학봉(鶴峯) 김성일(金誠一)이 한양에 올라왔다가 고향으로 돌아가는 길이었다.

김성일은 퇴계 이황의 수제자로 서애 류성룡과는 쌍벽을 이루는 인물로, 류성룡이 현실정치에 오랫동안 봉사했다면 김성일은 학문에 더 뜻을 두었다고 할 수 있는 사람이었다.

한겨울이라 눈보라까지 자욱하게 몰아치고 있는데 주막 앞길에서 어머니와 아들로 보이는 두 사람이 작별하는 것이 보였다. 그런데 차마 걸음이 떨어지지 않는지 모자는 자꾸 눈물을 흘리고 소맷자락으로 눈물을 닦으면서 헤어지지 못하고 있었다. 김성일은 그들에게 무슨 사연이 있겠다 싶어서 주막으로 불렀다. 김성일이 그들에게 들은 이야기는 다음과 같은 것이었다.

모녀(某女)는 농사를 짓는 상민(常民, 보통 사람)의 딸로 나이 열일곱 살이 되자 같은 마을에 사는 농사꾼에게 시집을 갔다. 남편은 농사를 짓고 그녀는 길쌈을 하여 남편을 도왔다.

부부가 열심히 일을 한 탓에 근근이 먹고 살 수는 있었다. 그러는 동안 아이들이 하나둘씩 태어났다.

아이들이 태어나자 먹을거리가 더 필요하게 되어 모녀는 봄에는 쑥이나 냉이를 뜯어 풀죽을 끓이고 가을에는 곡식의 이삭까지 주웠다. 그러나 형편은 조금도 나아지지 않고 더 궁핍해졌다.

'아아, 우리는 왜 이렇게 가난하게 살아야 할까?'

모녀는 베를 짜다가 말고 한숨을 내쉬었다.

그러나 상황은 더욱 약화되었다. 남편이 갑자기 병으로 쓰러져 일하지 못하게 된 것이다.

아전들은 걸핏하면 들이닥쳐 세금을 내라고 독촉이 성화같았다.

'하늘도 무심하시지!'

아전의 독촉에 모녀는 한숨만 내쉴 뿐이었다.

남편이 아픈 그해 봄부터 비가 내리지 않아 가뭄이 계속되었다. 논바닥이 쩍쩍 갈라지고 작물이 타죽었다. 사람들이 모두 하늘을 쳐다보면서 원망했다. 가을이 되었어도 논밭에서는 곡식 한 톨 수확할 수 없었다. 그런데도 아전들은 세금을 독촉했다. 남편은 시름시름 앓다가 죽었다.

"아아! 이렇게 죽으면 어떻게 합니까?"

모녀는 통곡하면서 울고 몸부림을 쳤다. 남편이 일 년을 앓았는데도 돈이 없어서 약 한 첩 쓰지 못한 것이 원통했다.

남편을 묻고 열흘도 되지 않았는데 또다시 아전들이 들이닥쳐 세금을 독촉했다. 세금 낼 돈이 없으면 집문서와 땅문서를 내놓으라고 으름장을 놓았다.

"세금을 내지 않으면 관아에 끌고 가서 곤장을 때릴 테니 그런 줄 알아!"

아전들은 살림살이까지 마구 때려 부수고 돌아갔다. 아전이 호랑이보다 무섭다는 말이 실감 났다.

'당장 먹을 것도 없는데 세금을 독촉하니 어떻게 살아야 하나?'

모녀는 앞날이 막막하여 잠을 이루지 못했다. 아이들은 그녀를 쳐다보고 배가 고프다고 칭얼거리고 있었다. 아이들은 제대로 먹지 못해 얼굴이 누렇게 뜨고 핏기가 없었다. 눈은 총기가 보이지 않고 흐릿했다. 아이들은 기운이 없어서 방에서 누워만 지냈다.

결국 아전들은 땅문서와 집문서를 빼앗아 갔다.

'이제 우리는 어떻게 사나?'

모녀는 방바닥에 쓰러져 울었다. 모녀는 차라리 죽는 것이 나을지도 모른다고 생각했다. 그러나 스스로 죽음을 선택할 필요도 없었다. 두 아이가 비 맞은 병아리처럼 비실비실하더니 숨이 끊어진 것이다.

"하늘이여, 하늘이여! 아이들이 무슨 죄가 있어서 잡아갑니까?"

모녀는 아이들의 시체를 부둥켜안고 목을 놓아 울었다.

지식인들이 외면한 조선 민중

김성일이 활동했던 시대는 조선의 르네상스라고 일컬어진 16세기 후반이었다. 퇴계 이황, 율곡 이이, 아계 이산해, 송강 정철, 서애 류성룡, 남명 조식, 오리 이원익, 한음 이덕형, 오성 이항복 등 쟁쟁한 문신들이 있었으나 성리학에만 몰두했을 뿐 기아에 허덕이는 민중의 삶을 돌아보지 않았다.

그들은 정치의 개혁이나 노비제도 혁파, 토지 개혁 등에는 관심이 없었다. 이들에 비하여 비판적인 사상이 서서히 태동하기 시작한 것은 17세기 후반이고 18세기에 이용 후생학이 등장하면서부터이다.

퇴계 이황의 수제자인 학봉 김성일은 한양을 오가면서 주막 앞에서 헤어지는 걸인 모자(母子)를 보고 '모자별'이라는 시를 짓는다. 당시 갈 곳 없고 먹을 것 없는 가난한 사람들의 참상이 슬프고 안타깝다.
| 김홍도 풍속화 〈주막〉. 국립중앙박물관 소장

김성일의 시대는 조선의 경제가 어둡고 혼미했다. 흉년이나 질병으로 백성들이 기아에 빠지면 구휼미(救恤米)를 풀거나 여막을 지어놓고 죽을 끓여 먹이는 것이 고작이었다.

김성일은 모녀의 아이들이 굶어 죽었다는 말에 가슴이 타는 것 같은 슬픔을 느꼈다.

고을 수령이 고조, 증조의 세금을 내지 않으면 잡아들이라고 영을 내려 모녀는 아이들을 제대로 매장도 하지 않고 집을 떠나 도망쳤다고 했다.

"이제 어찌할 거요?"

"모진 목숨인데 어쩌겠습니까? 아들은 북쪽으로 가다가 대갓집을 만나 종살이라도 하기를 바라고, 소인은 남쪽으로 가다가 부잣집을 만나 밥이라도 얻어먹기를 바랄 뿐입니다."

모녀가 울면서 이야기를 마쳤다.

'아아! 참으로 기막힌 일이 아닌가?'

김성일은 그날 밤 잠이 오지 않았다.

밖에는 눈보라가 사납게 몰아치고 있어 모자가 눈보라 속에서 얼어 죽었을지도 모른다고 생각했다.

그는 일어나 앉아 그들의 가련한 이야기를 시로 쓰기 시작했다.

어미 자식 각자 서로 헤어져서 이별하는데	母別子子別母
어미는 남쪽으로 가고 아들은 북쪽으로 가네.	母向天南子地北
길가에서 머뭇거리며 차마 걸음을 떼어놓지 못하고	躕躇路側不忍去
오열하다가 마주 보고 눈물을 흘리누나.	嗚咽相看淚橫臆

김성일은 시를 쓰다가 무겁게 한숨을 내쉬었다. 모자는 지금쯤 어디 있을까. 눈보라 속에서 쪼그리고 앉아 있을 불쌍한 사람들을 생각하자 가슴이 아팠다.

스스로 말하기를 우리는 본디 밭 가는 농사꾼으로	言本是佃家戶
나는 누에 치고 베 짜고 남편은 씨뿌리고 밭 갈았지요.	女事蠶男耕植
해마다 때맞춰 밭 갈고 길쌈하면	耕桑歲歲不失時
우리 식구 그럭저럭 입에 풀칠은 하지요	八口之家甘食力
지난해 여름부터 가을까지 비 한 방울 안 오더니	去年夏旱秋不雨
올해는 천 리 먼 들판이 붉게 변했어요.	今歲仍逢千里赤
논밭에는 흙먼지 자욱하여 씨 뿌릴 수 없었으니	塵飛南畝種不入
땅이 있다고 한들 어찌 농사를 짓겠어요?	有田何由藝黍稷

조선시대 가뭄은 거의 해마다 일어났다. 특히 선조 때에는 가뭄이 유난히 심했다.

"전라·충청·경상 3도에 든 금년의 가뭄은 근고(近古)에 없었던 것으로, 여름이 다 가도록 비가 오지 아니하여 백곡(百穀)이 말라 적지천리(赤地千里)에 추수의 가망이 없어 백성들이 장차 굶어 죽게 되었으니, 보고 들음에 너무도 비참합니다. 재상(災傷)에 대해 조사하는 것이 비록 규례이기는 하나, 이처럼 큰 흉년이 들었을 적에는 변통수를 쓰지 않을 수 없으니, 하삼도(下三道)에 파견할 경차관(敬差官)을 중지시키고 암행어사를 별도로 보내 조금의 폐해라도 줄여야 합니다."

선조 22년 7월 11일 사헌부에서 아뢰었다. 조선 팔도 곳곳에서 백성들이 굶어죽자 조정에서도 긴장하지 않을 수 없었다.

"지금의 흉년은 근고(近古)에 없던 일로, 경기도 일대는 처음에 하삼도(下三道)처럼 심하지 않다가 한창 성장할 때 가뭄이 들었고 가을

이후로 찬바람이 계속 불고 서리가 너무 일찍 내렸기 때문에 밭에 남아 있는 곡식도 추수의 가망이 없어 모든 백성이 생업을 잃고 허둥대는 실정입니다.”

8월 25일에 정언 황시가 아뢰었다.

가뭄은 그해 내내 계속되어 백성들을 아우성치게 했다. 임진왜란이 일어나기 3년 전의 일이었다.

온 식구에게 굶주림이 닥쳤으니 어찌합니까?	全家饑饉何太迫
그런데도 공문의 부역 오히려 늘어나	公門賦役尙塡委
원님의 호령 소리 성화같이 사나웠어요.	縣官號令星火急
아전들에게 영을 내려 관가 세금 독촉하며	追胥連保索官租
이리처럼 사납게 채찍질을 하면서	鞭扑狼藉爭捨克
앞다투어 걷었지요.	

밖에는 눈보라가 사납게 몰아치고 있었다. 김성일은 아전들이 농민들을 다그치는 모습을 떠올리면서 씁쓸해 했다. 조정에는 쟁쟁한 대신들이 있는데도 흉년을 해결하지 못하고 있었다.

남편은 지난달에 병으로 죽고	良人前月病不興
어린 자식은 오늘 아침에 구렁텅이에 버렸지요.	赤子今朝棄溝壑
구사일생으로 우리 두 모자 살아남았으나	九死餘生有母子

실낱같은 목숨 언제 죽을지 모른답니다.　　　　軀命如絲在朝夕

어머니와 자식의 이별(母子別)이라는 제목의 시였다.

시에서 농토를 잃고 거리를 떠도는 농민들의 참상이 그대로 드러나 있다.

학봉 김성일은 서애 류성룡과 함께 퇴계 이황의 수제자였다.

그는 류성룡보다 뒤늦게 조정에 나아갔고 벼슬도 늦었다. 그러나 임진왜란이 일어나기 1년 전 서인의 황윤길과 함께 통신사로 일본에 다녀왔다. 이때 정사인 황윤길은 일본이 반드시 조선을 침략할 것이라고 주장했고 김성일은 일본이 침략하지 않을 것이라고 주장하여 파란을 일으켰다.

임진왜란이 일어나자 김성일은 탄핵을 받았으나 류성룡이 경상우도초유사에 임명하게 하여 경상도로 내려가 의병장 곽재우를 돕고 진주목사 김시민에게 군량을 보내는 등 항일투쟁을 전개하다가 병을 얻어 죽었다.

2

아들만 83명을 둔 소금장수 정력가
김 생

남자들이 좋아하는 야담과 기담 중에 빠지지 않는 것이 성과 정력에 대한 이야기다.

조선시대 오로지 정력 하나로 부자가 된 사내가 있었다. 딸을 제외하고 아들만 83명이라는 것도 기이한 일이었다.

이 이야기는 조선시대의 치산(治産) 방법의 하나가 노동력이라는 사실을 감안할 때 상당히 설득력이 있다.

소금을 팔고 사랑도 팔고

전라도 임피(臨陂, 군산)에 김생(金生)이라는 공인(貢人)이 살고 있었다. 김생은 향교에서 아전 노릇을 했는데 풍채가 좋고 기운이 장사였다.

성년이 되자 혼례를 하여 부인과 살았는데 정력이 왕성하여 나이가 30이 되기 전에 아들을 10여 명이나 낳았다.

"밭이 좋은 거야? 씨가 좋은 거야?"

김생이 왕성하게 생식능력을 과시하자 동료들이 웃으면서 희롱했다.

"씨도 좋고 밭도 좋지."

김생은 천연덕스럽게 받아넘겼다.

그러나 자식을 많이 낳는다고 무조건 좋은 것이 아니었다. 자식을 낳으면 먹이고 입혀야 했기 때문이다.

김생은 아전 노릇으로 올망졸망한 아이들을 먹여 살리기가 어려워지자 한숨을 쉬면서 고민을 하다가 보부상을 하기로 했다.

'장사하는 것은 좋은데 여자가 없으니 어떻게 하지? 까짓거 어떻게 하든 되겠지.'

김생은 정력이 왕성하여 매일 밤 부인과 교합해야 했다. 하지만 장사를 나가면 부인이 없으므로 정력을 해결할 수가 없다. 김생은 그 문제가 가장 난제였지만, 일단 장사를 시작하기로 했다.

기운이 장사여서 그는 누구보다도 많은 짐을 지고 다니면서 장사를 했다.

"소금장수인데 날이 저물어 그러니 하룻밤 자고 가게 해주십시오. 소금으로 값을 치르겠습니다."

김생은 과부가 사는 농가에 찾아가서 말했다.

"안 됩니다. 아낙네 혼자 사는 집에 어찌 남정네를 묵게 하겠소?"
과부가 난처한 기색으로 말했다.

"소문이 나지 않게 아침 일찍 떠나겠습니다."

"정 그렇다면 헛간에서라도 쉬어가십시오."

"고맙습니다."

과부는 헛간에서 김생을 자게 한 뒤에 저녁상을 차려주었다. 김생은 저녁을 맛있게 먹었으나 쉬이 잠이 오지 않았다.

과부가 자색이 있었으면 남정네들이 혼자 살게 두지 않았을 터인데, 시골 과부라 적삼 하나 걸치고 남루한 치마를 허리에 둘렀을 뿐이었다.

김생은 저녁상을 차려주던 과부의 봉긋한 가슴께와 실룩대는 엉덩이가 눈에 어른거려 잠이 오지 않았다.

마을 어귀의 밭 한가운데에 있는 집이었다. 일부러 과붓집을 골라 잠을 재워 줄 것을 청한 것은 이러한 기회를 이용하기 위해서였다.

김생은 헛간에서 나와 과부의 방으로 향했다. 기름을 아끼기 위해서인 듯 과부는 불을 끈채 자고 있었다. 문고리를 슬며시 잡아당겼지만 문은 잠겨 있지 않았다.

'문을 잠그지 않은 것은 허락한다는 뜻이렷다.'

김생은 회심의 미소를 짓고 방으로 들어가 옷을 벗고 이불 속으로 들어갔다.

"뉘시오?"

과부가 깜짝 놀라 저항하는 시늉을 했으나 이런 일에는 이력이 붙은 김생이었다.

김생이 후닥닥 고쟁이를 벗기고 달려들자 저항이 조용해지고 마침내는 김생의 목을 끌어안고 몸부림을 쳤다.

"내 또 오리다."

이튿날 아침 김생은 과부가 정성껏 차려주는 아침을 먹고 길을 떠났다.

조선 팔도에 씨를 뿌리다

김생은 마을마다 고을마다 다니면서 여자들과 계속 정을 주고받았다.

김생이 여자들을 후리는 방법은 간단했다. 여자 혼자 있는 집을 골라 들어가 장사를 하는 체하며 이런저런 말로 의중을 떠보고 조금이라도 관심을 기울이는 시늉을 하면 그대로 덮치고는 했다.

처음에는 반항하는 시늉을 하던 여자들 대부분 치마끈을 풀어주고 일이 끝나면 물건을 후한 값으로 팔아주었다. 다음에 또 와달라고 살갑게 이야기를 하는 일도 있었다.

김생과 관계를 한 여자들은 어김없이 아이를 낳았다. 김생은 아이를 낳은 여자들을 소홀히 하지 않고 가능한 한 돌보았다.

김생이 강원도의 태백산에 가까운 마을에 이르렀을 때였다. 이집 저집에 소금이며 미역을 팔고 밤이 되어 부잣집에서 하룻밤을 쉬게 되었다. 주인은 대처 소식이 궁금하다면서 김생에게 저녁을 차려주고 술까지 대접했다. 이런저런 이야기를 하던 끝에 김생이 아들만 스무 명이 된다고 하자 부자가 탄식했다.

전라도 임피의 소금장수 김생은 소금을 팔러 전국을 떠돌면서 아들만 83명을 낳았다는 고사가 전해진다. 소금장수 이야기는 조선시대 고단한 행상의 모습과 부녀자들의 일탈을 보여준다. 다소 해학적이고 풍자적이지만 조선의 또 다른 모습이기도 하다. | 김홍도 풍속화 〈행상〉. 국립중앙박물관 소장

"그럼 여아(女兒)는 얼마나 되오?"

"여아도 10여 명은 족히 되지요."

"그럼 자식이 서른 명이 넘는다는 것이 아니오?"

"부끄럽지만 장사를 하면서 돌아다니다가 인연을 맺은 여자도 적지 않은지라 그 여자들의 몸을 빌려서 낳은 자식이 또한 10여 명이 됩니다."

"허허. 세상이 참으로 공평치 않소."

주인이 탄식하면서 부러운 눈으로 김생을 쳐다보았다.

이튿날 김생이 떠나려고 하자 주인은 후하게 사례를 할 테니 며칠만 더 머물러 달라고 말했다. 김생이 마지못해 허락하자 주인은 보양식을 대접하며 포식하게 했다.

"나는 평생 자식을 두지 못해 그것이 한이오. 그래서 젊은 첩 셋을 두었는데 역시 생산을 못 하오. 그러니 참으로 박복한 사람이 아니겠소?"

"언젠가 좋은 소식이 있지 않겠습니까?"

"이제는 늙어서 틀렸소. 내 부탁을 하니 그대의 왕성한 생식능력을 좀 빌려주시오."

"무슨 말씀입니까?"

"나에게 세 명의 첩이 있는데 그녀들과 동침을 하여 아들을 낳게 해주시오."

"당치 않습니다. 어찌 그런 일을 할 수 있겠습니까?"

"내 후하게 사례를 할 것이오."

김생은 주인이 간곡하게 부탁하자 어쩔 수 없이 허락했다. 내심 기이한 일이라고 생각했으나 세 명의 첩과 동침을 한다는 사실에 내일 죽는다고 해도 남자로서 사양하고 싶지 않았다.

주인과의 약속대로 김생은 하루에 한 명씩 첩과 동침했다. 주인은 약속대로 후한 사례를 했고 1년 후에 소식을 들으니 세 명의 첩들이 모두 아들을 낳았다고 했다.

"거참, 여자들과 동침만 해도 아들을 낳는구나."

김생은 자신의 생식능력에 놀랐다.

김생은 전국을 돌아다니면서 장사를 했는데 많은 여자와 동침을 하여 20년이 지나자 아들만 83명이 되었다.

김생이 동침한 여자들은 대부분이 과부들이었고 주모, 여종, 비구니까지 있었다.

김생은 나이가 들자 수많은 여자와 아이들을 관리하는 일이 용이 하지 않았다. 그래서 만경평야에 1백 칸이 넘는 집을 짓고 여자들과 자식들을 불러와 살게 했다. 자식 중에는 이미 장성하여 농부, 유기장, 대장장이, 미장, 목공, 신 만드는 사람까지 다양했다. 김생은 그들의 재주에 따라 생업으로 삼게 했다.

김생이 자리 잡은 만경평야의 들판은 어영청의 둔전이었다. 어영청에서 제대로 관리를 하지 않아 황무지가 되어 있었다. 김생은 아들들을 동원해 황무지를 개간했다.

첫해에 김생은 교맥(蕎麥, 메밀) 7백 석을 수확했다. 이듬해에는 숙맥(菽麥, 콩과 보리) 1천 석을 수확했고, 3년이 되던 해에는 벼 2천 석을 수확했다.

김생은 어영청과 교섭하여 쌀 1천 석을 내주고 둔전을 자신의 소유로 만들었다.

김생은 죽기 전까지도 계속 아이들을 낳아 나중에는 자식이 몇 명인지도 알 수 없게 되었다. 그가 죽고 10여 년이 되었을 때 만경평야 일대에 그의 아들과 손자들이 사는 집이 수백 호가 되어 집성촌을 이루었다.

최고 자리에 있는 왕 중에 누가 최고 정력가였을까? 조선시대 왕은 많은 후궁을 거느렸다. 그래서 태종은 29명, 성종은 28명, 선조는 25명의 자녀를 낳았다.

주나라 문왕은 아들만 99명이라는 기록이 있다.

3
최고의 책장수
술만 먹고 산
조생

조선시대 사람들이 사는 곳을 여항(閭巷), 여리(閭里) 또는 이향(里鄕)이라고 불렀다. 조선시대에는 사대부로 과거에 급제하여 높은 벼슬을 하지 않는 대부분의 서민들은 상업이나 농업에 종사했고, 공업에 종사하는 사람들도 있었다.

여항에는 각종 장인을 비롯하여 땔나무장사, 물장수까지 다양한 사람들이 모여 부대끼며 살았다. 이들의 즐거움은 등 따습고 배부른 함포고복(含哺鼓腹)이다. 나라에 풍년이 들고 관리들이 수탈하지 않으면 태평성대라고 하여 격양가(擊壤歌)를 불렀다.

여항의 풍속 중 가장 흔하게 볼 수 있는 것이 술 마시는 모습이다. 술은 군주에서부터 천민들까지 마신다.

술은 적당하게 마시면 약주가 되나 지나치게 마시면 독주가 되었다. 조선시대 책을 파는 책장수를 업으로 삼아 평생을 술만 먹고 살았다는 기인이 있다.

술만 마시고 신선이 되다

조선시대 영조 연간 한양에 책을 팔아서 살아가는 조생(曹生)이라는 기인이 있었다. 그는 이름도 사는 곳도 알려지지 않았지만, 한양에서 모르는 사람이 없을 정도의 유명인이었다.

사람들이 그를 조생이라고 부르는 것은 그가 조(曹) 씨이기 때문이었다. 생은 벼슬을 하지 못한 선비들, 이름없는 선비를 일컫는 것이어서 책장수에 지나지 않는 그를 높여 불러준 것에 지나지 않았다.

조생은 욕심이 많아, 고아나 과부의 집에 소장된 서책을 싼값에 사서 팔 때는 배로 받았다. 그래서 책을 판 사람들이 모두 그를 언짢게 생각하였다. 또, 그는 주거를 숨겨서 어디에 사는지 아는 사람이 없었다. 어떤 사람은 그가 남산 옆 석가산동(石假山洞)에 산다고 하나, 이 역시 분명치 않았다.

사람들은 조생을 높이 치켜 올려 조 신선이라고까지 했으나 다산 정약용은 《조신선전》이라는 전(傳)을 남기면서 조생이 욕심이 많다고 비판했다.

조생은 책장수 아쾌(牙儈, 중간 상인)로, 술을 좋아하고 해학을 잘했다. 그러한 까닭에 많은 사람이 좋아하여 여러 사람이 전을 남기기까지 했다.

조생은 해가 뜨면 어디선가 나타나 나는 듯이 달리면서 책을 팔았다. 관공서나 대갓집을 제집처럼 무시로 출입하고 과부의 집까지 드나들면서 고관대작에서부터 소학을 공부하는 소년들과도 즐겁게 이야기를 했다. 책장수를 하다 보니 들은 이야기도 많아 세상에 모르는 일이 없었다.

조생은 항상 가슴과 소매 속에 책을 가득 넣어 다녔는데 책을 다 팔면 그 돈으로 술을 사서 마셨다.

그는 밥을 먹지 않고 허름한 베옷을 입고 짚신을 신고 다녔다. 또, 붉은 수염에 눈에는 번쩍번쩍 신광(神光)이 있었다.

그는 일생을 술로 살았는데 사람들이 나이를 물으면 항상 서른다섯 살이라고 했다.

"작년에도 서른다섯 살이라고 하더니 어찌 금년에도 서른다섯 살이오?"

한 노인이 조생에게 농을 걸 생각으로 물었다.

"사람의 나이는 서른다섯이 가장 좋은 것 같습니다. 그래서 서른다섯 살에 죽으려고 햇수를 늘리지 않고 있습니다."

조생은 웃으면서 대답했다.

"그대의 나이는 수백 살인데 어찌하여 서른다섯 살에 죽었다는 말을 듣고 싶소?"

어떤 사람이 그가 신선이라는 말을 듣고 그렇게 물었다.

"당신이 어떻게 수백 년 일을 안단 말이오?"

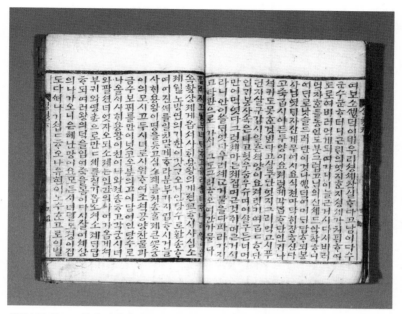

책장수를 업으로 삼아 평생 술만 먹고 산 조생은 고아나 과부의 집에 소장된 서책을 싼값에 사서 비싸게 팔았다. 사진은 당시에 여자들에게 가장 인기가 있었던 한글 소설 심청전의 일부분이다. | 〈심청전〉. 국립중앙박물관 소장

조생이 눈을 휘둥그레 뜨면서 반박했다.

그러나 그가 술에 취해서 때때로 과거 일을 이야기하는 것을 보면 1백 2, 3십년 전의 일도 있었다. 그의 나이가 1백 2, 3십 세가 족히 넘었다는 것이다.

"책은 팔아서 무엇하오?"

"책을 팔아 술을 마시지요."

"책은 그대의 것이니 내용도 훤히 알겠구려."

"하하. 나는 책을 팔지만, 읽지는 않소. 나에게 들어오는 책을 모두 팔기 때문이오. 비록 책의 내용은 알지 못해도 어떤 책은 누가 쓰고, 누가 주해를 달고, 몇 질 몇 책으로 되어 있는지는 알고 있소. 모씨네 집이 한양에서 장서가 많기로 유명한데 그중 절반은 내가 판 책이오."

조생은 체구가 장대했을 뿐 아니라 용모도 특이했다. 뺨은 불그스레했고 눈빛이 푸르렀다. 다산(茶山) 정약용(丁若鏞)도 그를 몇 번이나 만났는데 몇십 년 만에 만나도 옛날의 모습 그대로였다. 그러나 책을 사거나 팔 때 대화하면 박식하기 이를 데 없었다.

조생은 《추재집(秋齋集)》을 남긴 조수삼(趙秀三)의 집에도 자주 드나들면서 책을 팔았다. 조수삼은 역과중인(譯科中人)의 가정에서 태어나 많은 문집을 남겼는데 특히 당대 중인이나 천민들을 작품에 반영한 여항시인이다.

"이 사람이 조생이다. 우리 집 책은 모두 이 사람에게 산 것이다."

조수삼이 어릴 때 하루는 부친이 팔가문(八家文) 한 질을 사주면서 말했다. 조생은 조수삼의 집에 자주 드나들면서 책에 관련된 이야기를 해주었다. 그래서 조수삼은 조생을 좋아했고 조생도 조수삼을 귀여워했다.

그 무렵 조생의 나이 40세가 넘어 보였는데 조수삼이 늙었을 때 다시 만나도 여전히 40세 안팎으로 보이는 얼굴을 하고 있었다. 그래서 조수삼은 그가 신선이라고 생각했다.

"조생은 왜 밥을 먹지 않소?"

하루는 조수삼이 그가 밥을 먹지 않는다는 소문을 듣고 물었다.

"불결한 것이 싫어서 먹지 않소."

조생이 웃으면서 대답했다.

"어찌하여 책을 팔아서 살고 있소?"

"천하의 책은 모두 내 책이오. 천하에 나처럼 책에 대해서 많이 알고 있는 사람이 없소. 천하에 책이 없다면 나는 달리지 않을 것이오. 천하 사람들이 책을 사지 않는다면 나는 날마다 마시고 취할 수 없겠지요. 나는 천하의 책과 함께 생을 마칠 것입니다. 나는 책을 팔면서 많은 사람을 만났는데 천하의 지혜롭고 어진 사람과 어리석고 불초한 사람들은 같은 부류끼리 생생불식(生生不息)하였으니 내가 어찌 책에만 통하겠소. 천하의 모든 이치가 내 손에 있소."

조생은 오만하게 말했다.

그는 평생 밥을 먹지 않고 술만 먹고 살면서 책을 팔다가 신선이 되었다고 한다. 조생은 술을 마셔 신계의 신선이 되었지만 지상에는 술 때문에 많은 일화가 있다.

4

천하장사
품팔이꾼의 눈물
송(宋) 장사

조선의 신분제도 아래서 명성을 떨치고 상류사회로 뛰어오르는 것은 거의 불가능했다.

조선 전기 때는 그나마 개국공신이 되거나 반역자를 토벌할 때 공을 세우면 천민이나 노비라도 양반이 되거나 재상이 될 수 있었다. 그러나 이런 사람은 극소수에 불과했고 흉년과 질병 등으로 농토를 잃고 유리걸식하는 농민들이 오히려 천민으로 전락했다.

조선 후기에 이르면 서얼들의 과거 진출 요구가 거세게 일어났지만 유림은 이를 허용하지 않았다.

의술이 뛰어난 허준 같은 의원을 현감에 임명해도 반대했고, 경제적 능력이 뛰어난 상인 임상옥을 부사에 임명해도 반대했다. 전쟁을 지휘하는 도원수나 체찰사(體察使)도 무인이 아닌 문인이 임명되었다. 임진왜란 때의 도원수 권율(權慄)도 무과 출신이 아니라 문인 출신이었다. 그래서 병법은 뛰어나도 활쏘기나 검술은 약했을 것으로 보인다.

그럼에도 권율은 행주대첩을 승리로 이끌면서 대장군인 도원수가 되었다.

조선은 임진왜란이 끝난지 30년이 채 되지 않아 또 전쟁에 휘말렸다. 이번에는 후금(後金)과의 전쟁인 정묘호란(丁卯胡亂)이었다.

조선은 정묘호란에 이어 병자호란(丙子胡亂)으로 치욕을 겪었다. 남한산성에서 40일 동안 처절한 항쟁을 했으나 강화도가 함락되어 비빈과 왕자들이 포로가 되자 삼전도(三田渡)에서 무릎을 꿇고 항복했다.

"정묘화약(丁卯和約) 이후 조선이 화친을 먼저 깼으니 청나라가 노하여 군사를 이끌고 동녘에 들어오셨다. 임금께서 위태로움에 처해 남한산성에 거하신 지가 50여 일이 되었다. 청태종께서 위엄과 법을 베푸도다. 황제의 공덕이 조화와 함께 흐름을 밝히니 조선이 대대로 길이 힘입을 뿐이로다. 처음엔 미혹하여 이를 알지 못하다가 황제의 명(命)이 있으니 잠을 깨었도다. 이에 오직 황제의 덕에 의지하노라. 황제가 군사를 돌이켜 다시금 우리에게 농사를 권하니 삼한(三韓) 말년에 황제의 아름다움이로다."

삼전도비의 굴욕적인 내용이다. 소현세자와 봉림대군은 수십만
명의 조선인들과 함께 심양(瀋陽)으로 끌려갔다.

효종의 북벌 정책

전쟁은 끝났지만 조선인들은 약 60만 명이 포로로 끌려갔다.

청나라는 인력시장과 같은 포로 시장을 열고 조선인들을 사고팔
았다. 조선인들은 다투어 청나라에 가서 포로로 끌려간 조선인들을
사 왔다. 그러나 천민들은 가족들을 찾아올 수도 없고 여자들은 청
나라 군사들에게 능욕을 당했다.

이들이 돌아오면서 환향녀(還鄕女)라는 이름으로 불리게 되었고
양반이나 사대부들은 자신의 부인들을 버렸다. 법으로 환향녀를 친
정으로 돌려보내지 말라고 엄격하게 영을 내려도 많은 여자가 버림
을 받았다.

인조는 남한산성에서 40일 동안 전쟁을 하다가 청나라 황제에게
투항했다. 그는 치욕을 씻기 위해 절치부심했으나 청나라의 감시가
삼엄했다. 소현세자와 봉림대군은 청나라 심양에 인질로 끌려가 있
었다. 인조는 비밀리에 청나라에 대항하려고 했으나 청나라에 매수
된 정명수 등이 이를 청나라 황제에게 고했다. 청나라 황제는 사신
들을 통해 인조를 폐위시키고 소현세자를 즉위시키겠다는 압박을
가해왔다.

인조는 자신이 폐위당할지도 모른다는 사실에 전전긍긍했다. 이

때 소현세자가 귀국하게 되었다. 인조와 김자점은 비밀리에 독대하여 소현세자가 배신하면 죽일 것을 논의했다.

마침내 소현세자가 오랜 인질생활을 마치고 귀국하자 정국은 초긴장 상태가 되었다.

소현세자는 인조에게 절을 올린 뒤 청나라가 막강한 국력과 군사력을 갖고 있으므로 적대 행위를 하는 것은 조선이 멸망하는 길이라고 주장하여 인조를 놀라게 했다.

소현세자는 조선으로 돌아온 지 3개월밖에 되지 않아 의문의 죽임을 당했다. 세자빈 강 씨는 소현세자의 죽음이 억울하다면서 항변했고 그녀의 반발이 계속되자 결국 인조는 사약을 내려 죽였다. 자신의 친손자인 소현세자의 두 아들도 제주도로 귀양보냈다가 죽였다.

그들의 죽음이 괴로웠던 것일까.

인조는 말년에 광인이 되어 정사를 돌보지 않고 목각만 파다가 죽는다. 인조가 죽고 효종이 즉위하자 삼전도의 치욕을 씻기 위해 북벌정책을 펼치기 시작했다. 군사를 모집하고 군량을 비축하고 인재를 널리 모집했다.

송(宋) 장사는 전라도 광주(光州) 사람이다. 어릴 때부터 힘이 장사여서 마을 사람들이 장차 크게 될 인물이라고 했다. 그러나 집안이 찢어지게 가난하여 품팔이로 하루하루를 연명해 살았다.

'아, 나는 힘이 장사인데 하찮은 품팔이나 해야 한다는 말인가?'

송 장사는 때때로 일을 멈추고 하늘을 쳐다보면 한숨을 내쉬었다. 그러는 동안에도 효종의 북벌정책은 계속되었다.

대장군 이완을 발탁하고 일본에 역관을 보내 비밀리에 화약을 사왔다.

"화기(火器) 중에 이른바 불랑기(佛狼器)라는 것은 바로 대포 종류인데, 소포(小砲)처럼 자주 쏠 수가 있어 실로 화기 가운데 제일 뛰어난 성능을 갖고 있습니다. 경상도 병영 및 통영에서 동래에 쌓아둔 동철을 가져다가 몇백 자루 더 만들어 보내게 하소서. 그리고 그러한 화기는 쏘는 방법을 익혀두지 않으면 안 됩니다. 다만 화약을 계속 대기 어려우니 동래부에 있는 유황을 지금 올려와야 하겠습니다. 많은 양을 보내도록 명하소서."

이완과 유혁연이 아뢰었다.

화약을 제조하는 유황은 절대적으로 필요했지만 조선에서는 개발하지 못하고 있었다.

그러나 일본은 사실상의 화약을 제조하고 있었다. 그래서 역관 김근행은 일본에 가서 유황 4만 근을 잠매(潛賣, 비밀거래)하여 가져왔다.

"활을 잘 쏘는 자, 창을 잘 쓰는 자, 힘이 장사인 자를 천거하라. 신분이 높거나 낮거나 가리지 않고 중하게 쓰리라."

효종이 전국에 명을 내렸다.

"역사는 천 근을 들 수 있는 자라야 할 것이다. 관찰사는 천 근을 들 수 있는 자를 찾아 역마로 올려 보내라."

효종이 명을 내리자 각 관아는 역사(力士)를 찾느라고 바쁘게 움직였다. 특히 천 근을 들 수 있는 역사를 찾으라는 효종의 명을 수행해야 했다.

광주 관아 녹사(綠事)의 집에서 품팔이 하던 송 장사는 호기심이 일었다. 자기는 힘이 장사라는 것은 알고 있었으나 얼마나 들 수 있는지는 전혀 알 수 없었다.

'천 근을 드는 역사를 어디서 찾아야 하는가?'

광주 관아의 녹사는 역사를 찾지 못해 전전긍긍했다.

"녹사님, 혹시 저 돌이 천 근이 되겠습니까?"

송 장사는 녹사가 걱정을 하고 있자 뜰에 있는 큰 돌을 가리켰다.

"그렇다. 천 근이 넘을 것이다."

"소인이 저 돌을 들어봐도 되겠습니까?"

"저 돌을 들겠다고? 네가 천하장사라도 된다는 말이냐?"

"한 번 시험을 해보고 싶습니다."

"들 수 있으면 들어보아라."

녹사가 영을 내리자 송 장사가 팔을 걷어 올리면서 돌에 가까이 갔다. 관아의 군사들 노비들, 사람들이 이 광경을 구경하느라고 잔뜩 몰려왔다.

"으라차차!"

송 장사는 돌을 잡고 기합을 주더니 번쩍 들어 올렸다. 녹사의 눈이 크게 떠졌다.

"와!"

노비들이 일제히 손뼉을 치고 녹사도 좋아했다. 녹사는 재빨리 관아에 들어가 이와 같은 사실을 고했다. 관아에서 송 장사를 불러다가 시험하자 과연 천하장사였다.

"전하께서 찾으시는 장사가 틀림없다."

광주 관아는 즉시 송 장사를 도호부(都護府)로 보냈다. 도호부에서는 송 장사를 씻기고 새 옷을 입힌 뒤에 역마를 태워 한양으로 올려 보냈다.

나를 알아준 임금의 은혜

송 장사가 대궐에 도착했을 때 효종은 후원에서 활쏘기하고 있었다.

내금위 무사가 시골에서 역사가 올라왔다고 아뢰었다.

"속히 들이라."

효종이 명을 내렸다. 내금위 갑사들이 송 장사를 데리고 들어왔다. 효종이 송 장사를 살피자 머리는 봉두난발(蓬頭亂髮)이고 얼굴은 시커멓다.

"너는 무엇을 하는 자냐?"

효종이 송 장사에게 물었다.

"소인은 빚고을 광주에서 품팔이하고 있습니다."

효종이 송 장사의 기운을 시험하자 과연 역발산의 기운을 갖고 있었다. 효종과 활쏘기를 하고 있던 갑사들과 장수들도 모두 놀란 표정을 지었다.

"너의 소원이 무엇이냐?"

효종이 송 장사의 기운을 보고 감탄하여 물었다.

"소인은 한평생 음식을 배불리 먹어 본 일이 없습니다. 음식을 배불리 먹는 것이 소원입니다."

"하하! 이 역사에게 음식을 차려주라."

효종이 유쾌하게 웃고 명을 내렸다.

내관들이 음식을 수레로 실어왔는데 송 장사는 선 채로 음식을 다 먹어 사람들을 경악하게 만들었다.

"내 이런 역사는 처음 보았다."

효종은 송 장사를 기이하게 생각했다.

송 장사를 편전으로 데리고 가서 얘기를 들으니 그의 삶은 천민이라 고달픈 삶이었다. 그러나 우직하면서도 심성이 곧아 효종은 그가 마음에 들었다.

"혼인을 하였느냐?"

"하지 못했습니다."

"집은 있느냐?"

"없습니다."

효종은 송 장사를 내금위 갑사에 명하고 금호문(金虎門) 밖에 집을 주고 궁녀를 하사하여 혼인을 시켜주었다.

"성상께서 나처럼 보잘것없는 자에게 이렇게 큰 은혜를 베풀어주니 죽어도 잊지 못할 것입니다."

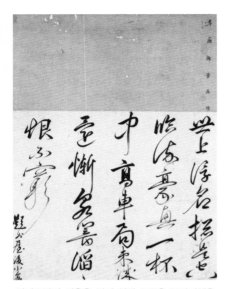

병자호란의 치욕을 씻기 위해 효종은 북벌정책을 추진하면서 전국에서 장사들을 모집했다. 송 장사는 이때 무장으로 발탁되어 변방에서 국경을 방비하다 효종의 돌연한 죽음으로 북벌정책이 폐지되자 좌절하여 폐인이 된다. | 효종 〈칠언시〉. 국립중앙박물관 소장

송 장사는 시골의 일개 품팔이꾼인 자신에게 베풀어 준 효종의 은혜에 감격했다.

"저 역시 임금의 은혜를 잊지 않을 것입니다."

송 장사와 혼인한 궁녀도 그의 시중을 잘 들면서 효종의 은혜를 갚아야 한다고 말했다.

송 장사는 효종의 관심 속에서 글을 배우고 무예를 연마했다.

"송 장사를 현령에 제수할 것이다. 수령의 임기가 끝난 현이 어디인가?"

효종이 이조판서에게 물었다.

"송 장사를 현령에 제수하는 것은 관리로서의 경험이 없어서 불가능한 일입니다. 우선 군영에서 경험을 쌓게 해야 합니다."

이조판서가 반대하자 효종은 송 장사를 변경(邊境, 국경)의 군영에 보내 장수로 활약하게 했다.

송 장사는 궁녀와 함께 3천 리나 떨어진 변방에 가서 국경을 방비하는 데 최선을 다했다.

효종은 항상 그에게 하사품을 보내주고는 했다.

"임금께서 천한 신을 이처럼 아끼시니 몸 둘 바를 모르겠습니다."

송 장사는 효종의 하사품을 받을 때마다 임금이 있는 도성을 향해 절을 했다.

효종은 그를 다시 발탁하려고 했으나 뜻을 이루지 못하고 죽었다. 송 장사에게는 청천벽력과 같은 일이었다.

"아아, 우리 임금이 이렇게 돌아가시니 하늘이 원망스럽구나."

송 장사는 통곡을 한 뒤에 군영에 보고하지도 않고 장수의 부절(符節)과 인장(印藏)을 버리고 한양으로 달려갔다.

그가 대궐 앞에 이르자 엎드려 통곡을 하는데 눈물이 말라 피가 나올 정도였다.

"우리 임금께서 돌아가시니 어떻게 은혜를 갚는가?"

궁녀는 효종의 은혜를 잊지 못해 목을 매어 자진했다.

송 장사가 복무하던 군영에서는 그가 무단으로 병영을 이탈했다고 병마절도사에게 보고하고, 병마절도사는 새로 보위에 오른 현종에게 군령에 따라 참수해야 한다고 아뢰었다.

"충심에서 나온 것인데 어찌 처벌하겠는가? 군직만 파하라."

현종은 송 장사의 군직을 파했다.

송 장사가 변방의 집으로 돌아오니 부인인 궁녀는 이미 싸늘한 시체가 되어 있었다.

'어찌 나를 버리고 죽는가?'

송 장사는 부인의 죽음에 통곡했다.

효종이 죽으면서 북벌정책은 중단되었다. 군대는 축소되거나 폐지되었고, 효종이 선발한 장사들은 모두 군직을 잃었다.

송 장사는 몇 년 동안 걸인으로 살았다. 그러나 해마다 효종의 죽은 날이 돌아오면 깊은 산 속으로 들어가 통곡하고 울었다.

"무엇을 생각하는가?"

마을 사람들은 통곡하는 그를 보며 물었다.

"우리 임금님을 생각하지요."

"일도 하지 않고 이렇게 한세상을 살 생각인가?"

"제 인생은 임금님이 돌아가셨을 때 끝났습니다."

송 장사는 눈물을 주르르 흘렸다.

그가 기골이 장대했기 때문에 마을 사람들은 때때로 음식을 잔뜩 주었다. 송 장사는 마치 시랑(豺狼)이나 호랑이처럼 음식을 먹어치웠다.

사람들은 기골이 장대한 그를 송 장군이라고 불렀으나 어느 날 홀연히 사라졌다.

영웅은 때를 만나야 하고 때가 영웅을 만든다는 말이 있다. 많은 영웅이 때를 만나지 못해 초야의 잡초로 불우하게 살다가 세상을 마친다. 특히 역사(力士) 중에 그런 사람이 많은데 자신의 힘을 억제하지 못해 바위를 등에 지고 밤마다 뒷산을 오르내린다는 전설은 시골 마을 어디에나 있다.

우리나라는 힘이 장사로 태어난 아이는 역린(逆鱗)을 갖고 있다고 하여 경계해 왔다. 그래서 그런 아이는 힘줄을 끊어서 힘을 쓰지 못하게 하거나 죽이기까지 했다.

송 장사는 천하의 역사여서 효종에게 발탁되었으나 그가 죽자 버려졌다. 북벌 정책이 중단되니 그는 쓸모가 없어졌다. 세상은 선비들만 받들었고 무인을 천시했다.

송 장사는 생계를 위해 품팔이를 하고 시대를 원망하면서 쓸쓸한 삶을 살았다.

5
임금의 군악대를 잔치에
불러들인 불한당
거지 왕초

한량(閑良)은 일하지 않는 사람이고, 불한당(不汗黨)은 땀을 흘리지 않는 사람이다. 좋게 말하면 건달이고 나쁘게 말하면 잡놈이다. 양반들이 흔하게 입에 달고 하는 말 중 '천한 놈'이 한량과 불한당을 말한다.

조선의 밤을 지배하는 것은 누구인가. 조선은 기생문화가 발전하여 양반들은 두셋만 모이면 기생들을 불러 놓고 시를 지으며 술을 마셨다.

소위 풍류라고 하지만, 술 냄새, 지분 냄새에 조선은 취해 있었다. 봄과 여름에는 강에 배를 띄우고 노니 신선들의 놀이 같다고 하여 선유(仙遊)라고 부르고 경치 좋은 정자에서 기생들을 끌어안고 춤을 추니 시회(詩會)다.

44

이렇게 보면 조선은 양반들의 세상인 것 같다. 그러나 조선을 지배하는 것처럼 보이는 양반들은 얼마 되지 않고 밑바닥을 움직이는 사람들은 대부분 중인과 천민들이었다.

그들은 농사를 짓거나 공방(工房)에서 일했다. 장사하거나 사냥을 하는 사람들도 있었다. 중인이나 천민 중에 일을 하지 않고 집도 절도 없이 떠돌아다니는 유민이 걸인들이었다. 이들은 떼를 지어 몰려다니면서 구걸을 하고 행패를 부렸다. 어차피 막가는 인생이니 양반도 두렵지 않고 포도청도 두렵지 않았다.

거지들을 위한 연주

조선의 뒷골목은 신분사회에서 하층민들이 오가는 길이었다.

한때 종로 2가 뒷골목의 피맛골은 하층민들이 지배층인 양반들의 번다하게 오가는 초헌(軺軒, 조선 시대에 종이품 이상의 벼슬아치가 타던 수레)이나 가마를 마주치지 않기 위해 다니던 길로, 말과 마차를 피하는 골목이라고 하여 피마 골목이라고 불리다가 줄여서 피맛골이 되었다.

거지들은 일정한 거처가 없어 대개 천변과 산비탈에 모여 살았다. 서문시(西門市)와 이현시(梨峴市) 천변에 다닥다닥 붙은 움막에 모여 살거나 다리 밑에 거적을 치고 살았다.

영조시대도 흉년이 극심하여 곡식을 아끼기 위해 금주령을 내리기까지 했으나 거지들은 줄어들지 않았다.

거지들은 떼를 지어 몰려다녀 행인들에게 위압감을 주고, 세도가에서 동냥을 주지 않으면 위협도 서슴지 않았다.

　한양에는 서문시와 이현시에 인을당(人乙堂)이라는 이름의 집이 있었는데 이곳에 거지 왕초들이 살았다.

　이현시 거지들은 해마다 연말이 되면 개수(丐帥, 거지 왕초)를 새로 뽑았다. 개수를 뽑고 나면 한바탕 잔치판을 벌였다.

　영조 36년(1760) 풍년이 들어 영조는 각 아문(衙門, 관청)에 잔치를 열어 축하하게 했다. 이에 각 아문에서는 악대와 기생을 불러 한바탕 잔치판을 벌리고 풍년가를 불렀다.

　용호영은 태종 때부터 대궐의 시위를 맡은 부대였는데 악대가 우수하여 여러 부서의 잔치에 초대되고는 했다.

　이현시 거지들이 이런 사실을 모를 리가 없었다. 그래서 연례행사로 왕초를 뽑고 기생들에게 연통해 잔치 준비를 했다.

　"악대는 어디가 유명한고?"

　왕초가 게슴츠레한 눈으로 거지들을 쏘아보면서 물었다.

　"아무래도 용호영 악대가 으뜸일 것입니다."

　"으뜸이라는 것을 어찌 아는가?"

　"용호영 악대가 여기저기 아문에 초대되어 풍악을 연주하고 있습니다."

　"그럼 용호영 악대에 전하라. 우리가 모월 모일 모시에 연융대(鍊戎臺)에서 잔치를 벌일 것이니 와서 악을 연주하라고 하라."

　거지 왕초의 지시에 일단의 거지들이 용호영으로 달려갔다. 연융대는 군사들이 훈련을 하는 연무장으로 창의문 밖에 있었다. 그러나 거지들은 얼마 되지 않아 어깨를 축 늘어트리고 돌아왔다.

"용호영 악대에 다짐을 받았는가?"

거지 왕초가 게슴츠레한 눈으로 거지들을 살폈다,

"아, 아닙니다."

"얼굴들은 왜 그 모양인가? 양반들 초헌을 피하다가 쇠똥 밟고 엎어져 얼굴을 갈았는가? 아니면 백주대낮부터 술 취한 우림아(羽林兒)

양반은 놀고 천민들은 일한다. 이 그림에서 조선시대 신분제의 모습이 적나라하게 드러나고 있다. 흉년과 질병으로 농사를 짓지 못하면 천민들은 걸인이 되어 떠돈다. | 김홍도 풍속화 〈벼 타작〉. 국립중앙박물관 소장

를 만나서 쥐어터지기라도 했는가?"

우림아는 대궐을 호위하는 갑사들로 임금을 모시니 종종 무소불위의 권력을 휘두르며 기루를 장악했다.

"아닙니다."

"아니면 왈짜 패거리라도 만났는가?"

"아닙니다. 저희가 왕초 어른의 말씀을 전했더니 거지들이 용호영을 우습게 안다면서 오뉴월 개 패듯 패서 잔뜩 얻어맞고 돌아왔

습니다."

거지들이 용호영을 우습게 안다고 얻어맞은 것이다. 거지들이 잔치를 벌이는 것도 우스운 일인데 군대의 악대를 오라 가라 하니 기가 막혔을 것이다.

"뭐라고 하면서 패더냐?"

"불한당 놈들이라고 했습니다."

"불한당. 허, 그놈이 문자를 쓰는구나. 우리가 땀을 흘리지 않는다는 말이렷다. 우리는 결코 불한당이 아니다."

"옳은 말씀입니다."

"사람들이 우리를 보면 아무것도 하지 않고 게을러서 동냥을 하는 것으로 알고 있는데 동냥도 여간 부지런하지 않으면 얻어먹을 수 없다."

"지당하신 말씀입니다."

"내가 가서 악대의 패두(牌頭, 우두머리)에게 면을 터야겠다."

거지 왕초는 우락부락한 거지들을 데리고 용호영으로 몰려갔다. 누더기를 입은 거지 수십 명이 몽둥이 하나씩을 들고 길을 휘젓자 행인들이 위세에 눌려 분분히 피해갔다.

"악대의 패두를 만나러 왔소이다."

거지 왕초는 아문을 지키는 나졸들을 밀쳐버리고 안으로 들어갔다.

"내가 악대의 대장인데 무슨 일인가?"

용호영 악대의 대장인 이(李) 패두(牌頭)가 거지 왕초에게 물었다.

"내가 이번에 뽑힌 이현시 걸인 패의 개수올시다. 면이나 트러 왔수다."

거지 왕초가 누런 이를 드러내놓고 시비조로 내뱉었다.

"나하고 면을 터야 할 일이 무어 있는가?"

이 패두는 거지 떼가 몰려와 위세를 부리자 기분이 나빴다. 그러나 상대가 거지 왕초였기 때문에 감히 함부로 하지 못하고 조방(朝房, 관청에서 정무를 보는 방)에서 문밖의 거지 왕초를 쏘아보았다.

"오늘 소인이 걸인 패의 개수로 뽑혔습니다. 그래서 모월 모일 모시에 연융대에 악대를 데리고 와서 연주를 해주십시오. 소인이 들자니 용호영 악대가 가장 연주를 잘한다고 들었습니다. 형제들 앞에 면을 세워주십시오."

거지 왕초의 말에 이패두는 얼굴이 창백하게 변했다.

"그 무슨 말인가? 용호영 악대가 거지들을 위하여 연주를 하란 말인가?"

"그래서 소인이 손수 온 것이 아닙니까?"

"서평군(西平君) 이요(李橈)와 낙창군(洛昌君) 이탱(李樘)이 청을 했어도 내가 가지 않았는데, 어찌 걸인들이 용호영 악대를 부른다는 말이냐."

"거절하시는 것입니까?"

거지 왕초와 이패두의 눈빛이 허공에서 부딪쳐 불꽃을 일으켰다.

"거절하네."

이패두는 단호하게 잘라 말했다. 그러자 거지 왕초는 누더기를 걸치고 서서 형형한 눈빛으로 쏘아보고 있었다.

"패두의 머리는 구리로 되었습니까? 우리는 수백 명이 여러 곳에 산재해 있어서 한 사람이 몽둥이 하나, 횃불 하나씩만 들면 어찌 되는지 아십니까?"

거지 왕초는 이패두를 쏘아보면서 노골적으로 위협했다.

용호영이 어디인가. 대궐을 호위하는 호위무사들이 구름같이 모여 있는 군대인데 이마가 구리로 되어 있느냐고 위협을 하는 것이다. 바꾸어 말하면 몽둥이로 머리를 때릴 것이라는 무서운 협박이다.

거지 왕초의 위협에 용호영 대장은 얼굴이 창백하게 변했다.

"소인의 면을 세워 주시기 바랍니다. 그러면 아무 탈이 없을 것입니다."

"어찌하면 되겠는가?"

"모월 모일 모시에 연융대에 와서 연주를 해주십시오. 기생들까지 데리고 와 주시면 금상첨화이겠습니다."

"알겠네. 그리 할 테니 돌아가게."

이패두는 거지 왕초의 위협에 굴복하여 약속했다.

모월 모일이 되자 이패두는 악사들과 기생들까지 데리고 연융대로 가서 악기를 연주하고 기생들에게는 춤을 추게 했다. 악사들이 신명 나게 취악을 연주하자 수많은 거지가 몰려와서 춤을 추면서 한바탕 어지럽게 놀았다.

그들은 놀다가 지치자 동냥한 음식을 나누어 먹으면서 이패두에게도 권했다.

"나는 시장하지 않소."

이패두는 거지들이 동냥한 음식을 먹을 수가 없었다.

"존귀한 분이 어찌 이런 음식을 먹겠습니까?"

거지 왕초는 이패두를 비웃고는 연주를 계속하고 춤을 춰 달라고 말했다.

용호영의 악대는 거지 왕초의 강권에 못이겨 해질 무렵까지 연주하고 기생들은 온갖 춤을 추었다.

"우리는 이제 저녁밥을 동냥하러 가야 합니다. 기생들이 수고하여 배가 고플 텐데 우리가 음식을 남겼으니 드시기 바랍니다."

거지들은 기생들에게 깍듯이 인사를 하고 음식을 주려고 했다. 그러나 기생들도 거지들이 먹다 남긴 음식을 받지 않았다.

'기이한 자로구나.'

이패두는 용호영으로 돌아오자 거지 왕초에 대해서 생각하지 않을 수 없었다. 그래서 틈틈이 이현시에 있는 거지들의 동정을 살폈으나 개수는 어디로 떠났는지 찾을 수 없었다.

거지 왕초인 개수와 이패두의 이야기는 이원명(李源命)의 《동야휘집(東野彙輯)》에 실려 있다. 이 기록을 보면 거지들이 떼를 지어 몰려다니며 임금의 호위부대인 용호영 악대 대장까지 위협을 하는 것을 볼 수 있다.

거지들의 잔치에 용호영 악대에게 연주를 하게 하고 기생들을 불러서 한바탕 논 뒤에 자신들이 동냥한 음식을 기생들에게 나누어

주었다는 대목은 해학적이기까지 하다.

조선시대는 많은 사람이 걸인이 되어 떠돌다가 얼어 죽고 굶어 죽었다. 특히 조선시대 후기에 이르면 전쟁이 일어나지 않았는데도 많은 유민이 발생하여 걸인으로 전락했다. 조선의 평민들이 걸인으로 전락한 것은 흉년과 전염병도 하나의 원인이지만, 관리들의 부패와 토호들의 수탈도 원인이었다.

헌종이 즉위한 1835년에는 여역(癘疫)이 창궐하여 공주에서 2천3백여 명, 청주에서 3천6백여 명이 사망했고, 충청도에서 1835년 상반기에 사망한 숫자가 4만여 명에 이르는 대참사를 겪었다.

6

정체를 알 수 없는
협녀
파주 여인

조선에 검녀 혹은 협녀가 있을까.

검녀는 검객을 말하는 것이고 협녀는 의로운 일을 한 여자를 말한다. 우리는 부모나 남편을 살해한 여자들에게 복수했을 때 이를 열녀 또는 효녀라고 부른다. 의로운 일을 행한 여자들은 검녀나 협녀라고 부를 수 있지만 정사에는 보이지 않는다.

안석경(安錫儆)의 〈삽교만록(霅橋漫錄)〉에도 이와 비슷한 검녀 이야기가 있다. 삽교만록의 여 검객은 어느 대갓집의 하녀로 세도가에게 주인집이 멸문지화(滅門之禍)를 당하자 그 집 아가씨와 함께 처절한 복수를 했다.

임매(任邁)의 〈잡기고담(雜記古談)〉에는 두 처녀가 소년으로 변장하고 원주에서 부모의 복수를 했다.

조선에는 여자들이 학문하고 시를 짓는 일이 흔하지 않았다. 글을 읽고 시를 짓는다고 해도 이름이 알려지는 법이 거의 없었다. 여류 시인으로 유명한 이는 승지 조원의 첩 이옥봉, 허균의 누이동생 허난설헌, 부안 기생 매창 등이 크게 명성을 떨쳤다. 그러나 그녀들의 삶은 모두 불우했다. 시를 짓고 학문을 하기가 쉽지 않은데 무예를 하는 것은 더욱 어려운 일이었을 것이다.

기개 있는 여인

전라도 완산의 이관성(李觀誠)은 한양 근교에 백상구(白尙九)라는 지인이 있었다. 백상구에게는 성을 알 수 없는 첩이 하나 있었는데 시를 잘 지어 당시에 품격이 있다는 말을 들었다.

한 번은 이관성이 파주의 백상구 집을 찾았는데 첩이 쓴 시 한 편 보여주었다.

집을 나설 때 말없이 작별하고 　　　　　出門無語別
여울 가에 이르니 말이 홀로 우네. 　　　臨湍獨馬啼
해지는 강에는 파도가 높아 　　　　　　暮江風浪急
놀란 갈매기 깃들 곳을 찾고 있네. 　　　驚鷗未定棲

이관성이 시를 읽자 여인의 지분 냄새가 아련하게 풍기는 것 같았다.

"누가 지은 것인가?"

"설암(雪菴)."

백상구가 짧게 끊어서 말했다.

"설암은 누구를 말하는 것인가?"

"내 첩일세. 사이가 나빠져 지금은 장단(長湍)에 가 있네."

백상구가 무겁게 한숨을 내쉬었다. 장단이라야 파주에서는 엎어지면 코 닿을 곳이다.

"친정으로 돌아간 것인가? 시가 이 처럼 뛰어나니 친정에 가서 데리고 오게."

"친정이 없네. 장단에서 혼자 살고 있네."

"여자의 몸으로 혼자 살게 하면 되 겠나?"

이관성의 말에 백상구가 손을 내저

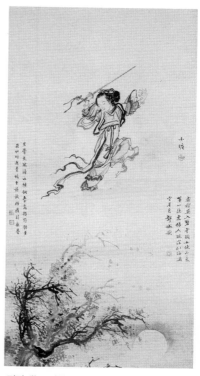

장단에는 이름 모를 여성 협객이 살고 있었 는데, 그녀는 활쏘기와 말타기, 검술에 능한 데다 자수와 음식에도 능했다. 그녀는 여인이 지만 기개가 있고 검무를 출 때면 검기가 사 방으로 뻗쳤다고 한다. | 이재관 〈여협〉. 국립 중앙박물관 소장

었다. 그의 첩은 일찍부터 활쏘기와 말타기, 검술에 능하여 여협이 라고 부른다고 했다.

"여자가 말 타고 활 쏘는 것도 드문 일인데 검술까지 능한가?"

"여공 일도 못하는 것이 없다네."

"여공 일이라면 바느질하고 음식하는 일을 말하는 것인가?"

"자수에도 능하다네."

백상구는 첩이 자수를 놓은 것을 이관성에게 보여주었다. 이관성은 설암이 수를 놓은 것을 보자 나무가 살아있는 것처럼 생생했다.

"여사(女士)로군."

이관성은 수를 보고 높은 품격을 느꼈다.

"바둑과 그림에도 능하지."

"그런데 어찌하여 헤어진 것인가?"

"내가 명색이 서방인데 그녀의 성도 모르고 이름도 모른다네."

"어찌 그럴 수가 있는가?"

"그녀는 환란을 피해 나에게 몸을 의탁하고 있는 것이 분명하네. 내가 어디서 왔는지 밝히라고 추궁하자 장단으로 떠난 것이네."

백상구가 자세히 알지 못하니 이관성은 더욱 알 수가 없었다.

이관성이 몇 달 후에 백상구의 집을 다시 찾자 첩이 돌아와 있었다.

'몸은 여인이나 기개가 있어 보이는구나.'

이관성은 여인을 보고 속으로 감탄했다.

백상구는 취기가 오르자 여인에게 검무를 추게 했는데 검기가 천지사방을 찌르고 베는데 눈이 현란할 정도였다.

'무슨 사연이 있어서 자신의 성도 이름도 밝히지 않는가?'

이관성은 여인의 정체를 전혀 알 수 없었다.

이관성은 몇 년 후 또 백상구의 집을 찾아갔다. 그러나 여인은 이미 죽고 없었고 슬하에 자식도 없었다.

"어떻게 만났는가?"

"내가 사는 파주에 강이 하나 있네. 나는 책을 읽다가 지루해지면 강을 산책하고는 했네. 한 번은 강둑을 따라 걷는데 수양버들 아래에 한 여자가 앉아서 수심에 잠겨 강을 바라보고 있었네. 해 질 녘이었지. 여자의 모습이 아름답고 쓸쓸해 보여서 인상에 남았네."

"그래서 이야기를 했는가?"

"외간 여자와 어떻게 이야기를 하나?"

"그럼 어떻게 하여 인연이 되었는가?"

"재촉하지 말게. 이야기하고 있지 않나?"

"미안하네."

"다음날 나는 다시 강가로 갔네. 그럴 리는 없겠지만, 여자가 강가에 있기를 바라면서. 그런데 정말 여자가 있었네. 나는 기이한 일이라고 생각했지. 여자와 이야기를 할 수 없었지만 많은 생각을 했네. 여자가 밥은 먹은 것일까? 여자가 근처에 사는 것인가? 그날 밤에는 도무지 잠이 오지 않았네. 그렇게 며칠 동안 강둑을 오갔는데 하루는 여자가 쓰러져 있었네. 나는 여자를 업고 황급히 집으로 왔네. 그때는 아마 내 정신이 아니었던 것 같네. 여자의 팔다리를 주무르고 미음을 끓여서 떠먹여 살아났네. 여자가 깨어나자 절을 하더군. 내가 사는 곳을 알려주면 가족들에게 기별을 해주겠다고 했는데 가만히 고개를 젓더군. 그러면서 자신의 신상에 대해서 아무것도 묻지 않으면 나를 모시고 살겠다고 하더군. 그래서 인연이 된 것일세."

이관상은 백상구의 말을 듣고 기이한 인연이라고 생각했다.

"검을 잘 다루어서 때로 홀로 검술을 연마할 때면 검기(劍氣)가 사방으로 뻗쳐 무인지경인 듯 거칠 것이 없었네."

백상구가 여인이 지은 시를 보여주었다.

> 높은 하늘 달빛이 밝은데 외로운 새 끼룩끼룩 울면서　長空皓月聲聲外
> 옛 물가 푸른 산 너머로 훨훨 날아가누나.　　　古渚靑山去去邊

이관성은 시를 통해서도 그녀의 행적을 전혀 알 수 없었다.

'기구한 삶을 산 여인이구나.'

이관상은 여인의 삶이 애틋하여 〈파녀전(坡女傳)〉을 지었다. '파녀'는 '파주에 사는 여인'이라는 뜻이었다.

이관성이 지은 파녀전은 실전(失傳)되어 찾을 수가 없다. 그러나 그녀의 행적을 추적하면 변경 쪽의 기녀 출신으로 여겨진다. 변경에서는 기녀들도 활을 쏘고 말을 탔는데 심지어 남자 군사들과 함께 사냥도 하고 훈련도 했다.

> 깊은 가을 위화도에 초목이 시드니
> 피로 낭자한 짐승을 잡아 사냥 행렬이 돌아온다.
> 수놓은 옷을 입고 징치고 노래 부르는 화살 맨 기생들이

준마를 타고 말을 채찍질하며 성으로 들어온다.

威化深秋草樹平
風毛雨血獵軍行
繡服鐃歌弓箭妓
皆騎撻馬入州城

조선의 문인 신광수가 지은 시다. 신광수의 시에는 남자들과 함께
사냥하고 돌아오는 기생들의 모습이 생생하게 그려져 있다.
파녀가 성이나 이름을 끝내 밝히지 않은 것은 도망자였을 것으로
보여 한없이 쓸쓸한 삶을 살았을 것이라고 추정할 수 있다.

책 읽어주는 일은 조선시대의 한 풍속이었다. 책 읽어주는 남자 앞에 쪼그리고 앉아서 귀를 기울이는 사람들은 이야기에 굶주렸을 것이다. 글을 모르니 책을 읽을 수도 없고, 세상을 모르니 이야기를 알 수가 없었다. 그래서 《삼국지》의 〈도원결의〉나 〈적벽대전〉도 전기수를 통해 들어야 했다. 거리에서 책을 읽어주는 것은 큰 문제가 없었으나 은밀한 규방에서 읽어주다 보니 문제가 발생했다.

2장

조선의
사랑쟁이,
책 읽어주는
남자

1

못난이로 한 평생
살아가기

바보, 안선원

조선의 역사책이나 문집을 읽다 보면 고고한 선비와 영웅호걸을 많이 만나게 된다. 그러나 중인이나 천민 중에도 천재에 가까운 시인들이 있는가 하면 기생 중에도 시인과 예인이 많다. 평생 동안 짚신을 삼으면서 잡초 같은 인생을 산 유군업 노인이나 여종으로 살다가 주인에게 온갖 학대를 받은 효양 같은 인물을 만나는 일은 거의 드물다.

조선시대 5백 년 동안 시도 짓지 않고, 예인이나 협사로 명성을 떨치지 않았던 가장 평범했던 보통 사람들은 기록에서 만나기 어려운 것이다.

조선의 민중은 농민들이라고 할 수 있다. 그 농민들은 어찌보면 바보같이 순한 삶을 살기도 했다. 일 년 내내 농사를 지으면서 씨 뿌리고 수확하니 남에게 해를 끼치지 않고 욕심을 부리지 않는다. 손은 투박하고 얼굴은 구릿빛이지만 낯선 사람을 만나면 순박하게 웃는다. 흉년과 질병을 걱정하고 이웃 간에 의를 상하지 않으려고 노력한다.

손해를 보더라도 참고 욕설을 들어도 분노하지 않고, 참을 뱉어도 웃고 닦아내어 못난이 또는 바보라고 불린다. 자그마한 이익 때문에 울고 웃고 분노하고 싸우는 우리들의 자화상을 돌아볼 때 오히려 조선의 바보가 그리워진다.

유배객의 이웃 사람

이산해(李山海)가 느릿느릿 산에 올라가자 야트막한 산기슭에 쓰러져가는 초가가 한 채 보였다. 서까래를 받치고 있는 기둥은 썩었고 울타리도 없었다. 손바닥처럼 작은 마루에 칠포립(漆布笠, 옻칠을 한 베로 만든 삿갓)을 머리에 쓰고 갈포(葛布) 허름한 옷을 입은 안선원(安善元)이 앉아 있는 것이 보였다. 안선원은 향교에서 일을 하여 당장(堂長)으로 불리었다.

"나리, 오셨습니까?"

이산해를 발견한 안선원이 벌떡 일어나서 인사를 하면서 어눌한 목소리로 물었다.

"오늘은 향교에 안 나가나?"

이산해는 배소지(配所地, 유배객이 사는 집)가 안선원의 옆집이어서 아침저녁으로 그의 얼굴을 보았다.

그는 평해군(平海郡, 지금의 울진)으로 유배를 온 지 1년이 되어서 유배가 풀리기만 눈이 빠지게 기다리고 있었다.

"오늘은 일이 없어서 늦게 나가도 됩니다. 밭도 갈아야 하고요."

"전답이 얼마 되지 않는데 먹고 살 수 있는가?"

"쌀밥에 고기는 못 먹어도 보리밥이나 조밥은 먹고 살 수 있습니다."

안선원이 히죽 웃으면서 대답했다. 안선원은 눈빛이 흐릿하여 조금 어수룩해 보였다.

이산해의 유배지에는 손 씨(孫氏)와 이 씨(李氏)들이 사는데, 대개 군의 아전들이었다.

이산해가 손 씨의 집에 산 지가 봄부터 여름까지 거의 다섯 달이 되었다.

집은 뜰도 없이 겨우 서너 칸에 기와와 띠풀(삘끼), 나무껍질로 지붕을 이었는데, 나무껍질이 그중 반을 차지하며 불을 때면 매캐한 연기가 늘 방 안에 가득하고 비가 오면 도롱이와 삿갓을 쓰고 앉아 있어야 했다. 그러던 차에 그 집 주인이 나를 위해 서쪽 멧부리 위에 풀로 지붕을 인 정자를 지어 주기에 낮에는 기거와 침식을 어김없이 이곳에서 했다. 그러다 흥이 나면 오건(烏巾)에 대지팡이를 짚고 봉우리 위를 배회하기도 하고, 때로는 아이놈을 데리고 여윈 말을 타고서 해당화 핀 물가를 오가며 시를 읊노라니, 이 몸이 먼 객지에 귀양살이하고 있음도 잊을 수 있었다.

이산해는 스스로 유배 생활을 기록했다.

"만약 이곳이 내 고향이라면 몇 칸 오두막을 짓고 여생을 보낼 수 있어, 비록 고관대작의 영화로도 이 즐거움을 바꿀 수 없을 터인데……."

이산해는 적막한 시골 마을에서 때때로 책을 읽다가 지치면 안선원을 살피고는 했다.

안선원에게는 부인과 아이들이 있었고 이가 빠진 장모를 모시며 살았다.

'언제 왜란이 끝날 것인가?'

이산해는 임금이 있는 북쪽 하늘을 쳐다보고 우울했다.

1년 전 4월. 임진왜란이 일어나 나라가 온통 일본군에 짓밟혔다. 다행히 바다에서 이순신의 수군이 연전연승(連戰連勝)을 거두고 명군(明軍)이 참전하면서 평양과 한양을 수복하고 국토 대부분을 수복했다. 일본군은 경상도 남쪽 해안 일부 지역에만 간신히 버티고 있었다. 이산해는 임진왜란이 일어났을 때 한양을 떠났다는 이유로 서인들에게 탄핵을 받아 평해로 유배를 와 있었다.

'전쟁이 빨리 끝나야 할 터인데……'

이산해는 전쟁 중인데도 평탄하게 사는 안선원이 기이했다. 마을 사람들은 안선원을 바보 취급하고 있었다.

"영감, 늙은이가 어디를 바삐 가나? 사람을 보면 인사를 할 줄 알아야지."

마을의 젊은 사내 둘이 안선원을 조롱하기 위해 길을 막아섰다.

"그래, 평안한가?"

안선원이 웃으면서 물었다.

"보다시피 나야 평안하지. 우리 집 누렁이 안부는 안 물어보나?"

"그래. 누렁이도 평안하겠지."

"아무렴. 안선원이 안부를 묻는데 평안하지. 개한테도 인사를 하는 늙은이일세."

"에이, 덜떨어진 늙은이."

젊은 사내 둘은 안선원에게 발길질을 하고 침을 뱉으면서 한참이나 희롱한 뒤에 왁자하게 웃고 떠났다.

모자라는 것이 과한 것보다 낫다

안선원은 조금도 불쾌한 표정을 짓지 않았다.

"젊은 놈들이 비웃는데 화가 나지 않나?"

이산해는 우두망찰해 있는 안선원에게 물었다. 젊은 사내 둘을 혼을 내주고 싶었으나 유배를 온 처지라 말을 하지 않았다.

"괜찮습니다."

"자네를 희롱했는데도 괜찮다는 말인가?"

"사람들이 얼굴에 침을 뱉으면 닦으면 되고 내 귀에 오줌을 누면 씻으면 됩니다."

안선원이 누런 이를 드러내놓고 웃었다. 이산해는 어이가 없어서 입을 다물고 말았다. 그는 모욕을 당했는데도 참고 있었다.

"세상을 어찌 그렇게 사는가?"

"소인이 세상을 산 지 어언 반백 년이 넘었습니다. 복이 없어서 부귀영화는 누리지 못했으나 횡액을 당하지도 않았습니다. 윤질이 휩쓸어도 식구가 무탈했고, 전쟁이 났어도 가족이 죽지 않고 집이 불타지 않았습니다. 흉년이 들어 많은 사람이 굶어 죽었습니다만 저희는 배를 주리지 않았습니다. 그런데 소인이 어찌 세상을 원망하겠습니까?"

조선 선조 때 동인의 영수와 영의정을 지낸 이산해는 천재로 유명한 인물이다. 그는 임진왜란 때 영의정을 지냈으며, 울산에 유배되었을 때 바보처럼 사는 안선원에게 큰 감명을 받고 전(傳)을 지었다.
| 이산해 초상. 국립중앙박물관 소장

이산해는 안선원의 말에 할 말이 없었다. 안선원은 세상에 욕심이 없는 사람이었다.

"사람들이 모두 자네를 어리석다고 하지 않는가?"

"소인은 천민입니다. 왜란이 일어나서 똑똑하고 힘 있는 장정들은 모두 병사로 끌려갔습니다. 그들 중에 절반이 살아 돌아오지 못했습니다. 저는 위인이 어리석다고 하여 병사로 끌려가지 않아 이렇게 살아 있습니다. 못난이라고 해도 다행한 일이 아닙니까?"

이산해는 안선원이 삶의 도리를 터득했다고 생각했다.

황보리는 민가가 많은 편인데 모두 다 찌그러져 가는 작은 오두막으로, 집안이 쓸쓸하여 양식거리라곤 없고 쌀독은 텅텅 비어 풀뿌리로 연명하고 있다.

안선원은 글을 읽을 줄 알아 시를 좋아했다. 그러나 시를 짓는 것을 본 일이 없고 집에는 책도 없었다.

하루는 집 앞에 배꽃이 핀 것을 보고 시를 한 수 지어 안선원에게 주었다.

꽃이 활짝 핀 배나무 한 그루	一樹梨花發
초가집 동쪽 엉성한 울타리 쪽에 있네.	疎籬草屋東
비에 흠뻑 젖은 향기 땅에 가득하고	雨沾香撲地
바람이 휘몰아치자 눈처럼 날리누나	風拂雪飄空

안선원은 좋다고 이산해의 시를 외고 다녔다.

우리 이웃에 있는 선한 사람

이산해는 평생을 바쁘게 살아온 사람이었다. 어릴 때는 신동(神童)으로 불렸고 비교적 젊은 나이에 과거에 급제하여 순탄한 벼슬길에 올랐다. 선조의 총애를 받아 영의정까지 지내면서 서애 류성룡과 함께 동인의 영수가 되었다. 그러나 정여립(鄭汝立) 역모 사건이 일어나면서 서인들과 대립하게 되었다.

정여립 역모 사건은 이발, 최영경 등 신망이 높은 선비가 죽고, 동인 계열 선비들도 1천 명 가까이 죽거나 유배를 가는 참혹한 옥사였다.

특히 서인의 영수(領袖) 격인 정철이 위관이 되어 국청을 주관하면서 더욱 많은 희생자를 냈다.

'서인을 용서할 수 없다!'

이산해는 정여립 역모 사건으로 동인을 학살하는 서인에 분노했다.

그는 오랫동안 이를 갈고 있다가 세자를 세우는 건저문제(建儲問題)가 일어나자 정철을 탄핵하여 유배 보냈다. 그러나 임진왜란이 일어나자 그 자신이 신진사대부들의 탄핵을 받아 평해로 유배를 오게 되었다.

유배라고는 하지만 영의정을 지낸 이산해였다.

평해 군수가 산골짜기에 배소지를 마련한 뒤에 극진한 예우를 했다.

'내 평생 이렇게 한가할 때가 없었다.'

이산해는 눈을 뜨면 책을 읽거나 글을 쓰고 산책을 했다. 마을 사람들이 못난이로 취급하는 안선원의 집이 이웃에 있었기 때문에 자주 볼 수 있었다.

안선원은 관아에 일이 없으면 농사를 지었다. 밭을 일구거나 김을

맬 때는 온 가족이 나가서 일을 하는데 힘이 들어도 얼굴을 찌푸리는 법이 없었다. 누구에게도 화를 내지 않고 웃기만 하는 그를 이산해는 부족한 인간이라고 생각했다.

'위인이 천성적으로 못난 것인가?'

이산해는 밭둑의 나무그늘에 앉아서 하루종일 안선원이 일을 하는 것을 볼 때도 있었다.

"오늘은 무엇을 심었나?"

안선원이 쉴 때 이산해는 덤덤하게 물었다. 굳이 대답을 듣기 위한 것은 아니었다.

"밀을 심었습니다."

안선원은 그럴 때마다 누런 이를 드러내놓고 웃었다.

"밀로 무엇을 하는가?"

"수확한 뒤에 가루를 만들어 국수도 만들어 먹고 전도 부쳐 먹습니다."

"그러면 아주 귀한 곡식이군."

"예. 저희 같은 천민에게는 아주 귀한 곡식입니다."

"어제 심은 것은 무엇인가?"

"감자입니다."

"감자도 가을에 심는가?"

"예. 겨울을 지나고 내년 여름이 되면 보리와 밀을 수확할 때 같이 수확합니다."

"오전에 심은 것은 무엇인가?"

"마늘입니다."

"마늘도 가을에 심는가?"

"예. 하곡은 대부분 가을에 심습니다."

"그렇군. 내일은 무엇을 하나?"

"마늘밭에 거름을 합니다. 재를 뿌려서 겨울에 얼지 않게 하고 마늘이 겨울을 나서 싹을 틔우게 합니다."

가을이었다. 오곡이 황금빛으로 출렁거려 안선원은 할 일이 많았다. 벼를 베고 조와 수수를 거두어들이고, 콩을 털었다. 온 식구가 다같이 일을 하는데 여자들은 깻잎을 따거나 배추와 무를 거두어 겨울을 날 준비를 했다.

겨울에는 농한기였으나 새끼를 꼬고 나무를 하러 산에 다녔다.

"다리는 왜 저는가?"

"나무를 하러 산에 갔다가 발목을 접질렸습니다."

안선원이 지게를 지고 멀어져 갔다.

지극히 평범한 조선 사람

안선원은 술을 마시고 취하는 것을 좋아했으나 한 번도 남에게 피해를 주지 않았다.

황보리에는 이 씨와 안 씨가 집성촌을 이루고 살고 있었다. 마을의 모든 안 씨가 서얼 출신의 이 씨를 비난하며 안선원에게 가담할 것을 요구했다. 그러나 안선원은 욕을 먹으면서도 가담하지 않았다.

이 씨는 관아에 끌려가 곤장을 맞고 돌아왔다. 그는 장독(杖毒)이 올라 목숨이 위태롭게 되었다. 그제야 안 씨들이 당황하며 이 씨를 찾아가 위로하고 자신이 당한 일처럼 슬퍼하는 체했다.

"근심할 일이 없는 사람은 우리 사위뿐이다. 내 딸이 평생을 의지하고 살아도 부족하지 않다."

장모가 무릎을 치면서 기뻐했다.

평해군에 군수가 새로 부임해 왔다. 군수가 새로 부임하면 아전들이나 부호들이 다투어 선물을 바치는데, 안선원은 집에 귀한 물건이 없어서 집에 있는 병풍을 가져 갔다.

"병풍의 그림이 참으로 좋구나. 여기에 '증안원길(贈安元吉)'이라고 씌어 있는데 원길은 누구인가?"

군수가 만족하여 안선원에게 물었다. 그 모습을 본 다른 아전들이 아니꼬운 듯이 눈을 흘겼다.

"소인의 자(字)입니다."

"그런가? 그림을 잘 보았으니 술 한 잔 받게."

군수가 안선원에게 술을 따라주었다.

"너 같은 천민에게도 자가 있느냐? 보잘것없는 주제에 어찌 자를 쓰느냐?"

좌수(座首) 장 씨가 눈을 흘기면서 비웃었다. 그 말을 들은 아전들이 고개를 돌리고 웃었다. 이산해도 그 자리에 초대를 받아 있었기 때문에 그 모습을 목격했다.

"분하지 않은가?"

돌아오는 길에 안선원에게 물었다,

"당치 않습니다."

안선원은 선하게 웃기만 했다.

마침내 이산해는 유배가 풀렸다. 그래서 군수가 직접 배소지까지 와서 머리를 조아리고 한양에서도 많은 사람이 찾아왔다.

"나리, 항상 무탈하십시오."

안선원은 동구 앞까지 따라와서 배웅했다.

"자네도 무탈하게."

이산해는 웃으면서 손을 흔들었다. 한참을 가다가 뒤를 돌아보자 안선원은 그때까지 동구 앞에 우두커니 서 있었다.

이산해는 한양으로 돌아온 뒤에 때때로 안선원을 생각하게 되었다. 눈이 사락사락 내리는 한겨울, 어둠이 내리는 봄날의 해 질 녘, 비가 추적추적 내리는 가을, 책을 읽다가 고개를 들면 다리를 절면서 지게를 지고 가는 안선원의 얼굴이 떠오르고는 했다.

이산해는 한양으로 돌아온 후 한 번 더 영의정을 역임했으나 평해에서 겪은 일이 그의 정신세계에 크게 영향을 미쳤다.

그는 농사를 지으면서 남루하게 사는 평민들을 보았다. 특히 평민 중에서 사람들이 업신여기는 안선원에게 깊은 관심을 보여 전(傳)을 쓰기도 했다. 그는 조선의 못난이로 사는 안선원에게서 배울 것이 있다고 생각한 것이다.

안선원은 시를 남기지도 않았고 거문고나 그림 따위의 명인도 아니었다. 특출한 재주가 없는 아전이고 농사밖에 할 줄 아는 것이 없었다. 우리가 어디서나 볼 수 있는 선한 이웃 사람이었다. 이런 사람들을 일컬어 우리는 순박한 시골 사람이라고 불렀다.

세상이 각박해지면서 안선원과 같은 순박한 시골 사람이나 조금은 부족하고 항상 손해를 보아도 웃으면서 사는 사람을 만나기란 쉽지 않다.

이제 순박하고 선한 이웃 사람은 어디론가 사라졌다. 층간 소음 문제로 이웃끼리 살인을 하고 주차 문제로 고성을 주고받으면서 이웃과 멱살잡이를 한다.

조금은 부족하고 조금은 어리석어 보일지 몰라도 조선시대에 평해에서 살았던 안선원을 만나고 싶다.

2
살아서는 신을 삼고
죽어서는 거적에 싸인
짚신 삼는 노인, 유군업

조선은 대량 생산·대량 소비의 사회가 아니었기 때문에 수공업에 종사하는 사람들의 이익 창출은 오로지 자신의 노동력에 의해 결정되었다. 그러므로 많은 장인이 노동하며 가난하게 살았다.

음력 8월이면 한가위가 있어 오곡이 익고 들판이 황금빛으로 출렁거리고, 모내기를 일찍 한 마을에서는 벼를 베어 추수한다.

조선시대 말엽, 경기도 강화군 하도에 사는 이건창(李建昌)은 한 노인의 부음을 듣고 착잡한 심경에 사로잡혔다.

이건창은 조선 말기의 강직한 문신이며 대문장가였다. 성품이 대쪽 같아서 관직에 있을 때는 비리나 부정한 일을 추호도 용납하지 않았고, 안찰사로 파견되었을 때는 세도가 당당했던 관찰사의 비리를 파헤쳐 관직에서 축출하기도 했다.

"그대가 가서 잘못하면 이건창을 보낼 것이다."

고종은 지방관을 임명할 때 이와 같이 말하기도 했다. 부정과 불의를 용납하지 않는 이건창을 누구보다도 잘 알고 있었기 때문이었다.

이건창은 47세에 요절했는데 고려와 조선의 9대 문장가로 선정되기도 했다. 그의 상소는 1백년 이래 가장 깐깐한 상소라는 평가를 받았다.

신을 삼은 사람은 없어도 그가 삼은 신발은 돌아다닌다

이건창은 말년에 강화도 사기리 농가에서 책을 읽고 글을 쓰면서 세월을 보냈다. 글이 써지지 않을 때는 바닷가를 걸었다.

당시 조선은 외세가 도도하게 밀려와 멸망의 길을 걷고 관리들은 부패하고 조정은 무능했다.

'이 탱자나무는 천 년이 되었다고 하니 모진 풍파를 다 겪었겠구나.'

집 앞에 잎사귀가 무성한 늙은 탱자나무가 보였다.

"대감마님, 산보하십니까?"

이건창이 논둑길을 걷고 있는데 짚 몇 단을 어깨에 지고 오던 유군업(兪君業) 노인이 허리를 숙여 인사를 했다. 그는 이건창의 앞집에 사는 윤여화(尹汝化)의 빈집에서 홀로 살고 있었다. 그가 어떻게 하여 강화에 들어와 살게 되었는지는 아무도 알지 못했다. 다만 중년이후에 강화 하도까지 흘러들어와서 짚신을 삼아 연명하고 있었다.

조선시대 말기 양명학의 거두이자 청렴한 암행어사로 명성이 높았던 이건창은 고려와 조선의 9대 문장가로 꼽힌다. 평생 짚신을 삼으면서 일생을 보낸 김군업 노인은 이건창과 같은 마을에 살았다. 하찮은 짚신 장수에게 따뜻한 시선을 보낸 이건창에게서 고뇌하는 조선의 양심을 볼 수 있다. | 이건창 강화도 생가. 저자 촬영

"오늘도 짚신을 삼나?"

이건창은 유군업을 향해 미소를 지었다. 그의 나이가 얼마나 되는지 알 수 없었으나 그의 늙은 모습에서 자기를 보는 것 같았다.

"아유, 소인이 뭐 할 일이 있어야지요. 그러니 그저 짚신이나 삼지요."

"늘 짚신을 삼는 게 지겹지도 않나?"

"소인은 할 줄 아는 게 없습니다."

유군업은 윤여화의 집 일을 거들기는 했으나 얽매여 있지는 않았다.

"살펴 가십시오."

유군업이 인사를 하고 멀어져 갔다.

이건창은 먼바다를 바라보았다. 평화로웠던 바다에 일본과 서양의 군함이 자주 오가고 있었다.

1895년 명성황후는 일본군에게 시해되고 고종은 러시아 공관으로 파천했다.

'나라가 멸망하기 전에 내가 죽어야 할 텐데……'

조선은 이미 일본의 수중에 들어가 있었다.

이건창이 바닷가를 한 바퀴 돌아 집으로 오자 동막골에 사는 정 진사 집에서 하인을 보냈다. 정 진사는 이건창이 조정에서 높은 벼슬을 지냈기 때문에 집안에 대소사가 있을 때 으레 초대했다.

정 진사는 강화 양명학파의 거두 정재두의 후손이다.

'유 노인이 여기에 와 있군.'

유군업은 마당 한구석에서 음식을 먹고 있었다. 그는 음식을 얻어먹고 조용히 사라졌다.

이건창은 그를 가끔 볼 수 있었다. 마을의 논둑길에서, 누군가의 장례가 열리는 초상집에서 보고는 했다.

그는 불평 한 번 하지 않았고 사람을 원망하지 않았다. 심지어 날씨가 덥다거나 춥다는 말도 하지 않았다. 그는 농로에 있는 한 그루 나무와 같은 사람이었다.

어느 날 이건창은 갑자기 그가 죽었다는 소식을 듣게 되었다.

'평생 짚신만 삼다가 죽었구나.'

이건창은 죽은 노인의 초라한 일생을 생각하고 한숨을 내쉬었다.

"짚신을 어찌 이리 잘 삼았는가? 검불 하나 없네."

마을 노인들은 유군업의 짚신 삼는 기술을 칭찬했다.

사기리는 강화읍에서 30여 리 떨어져 있다. 짚신을 삼아봤자 팔 곳이 마땅치 않다. 그런데도 유군업은 날마다 짚신 삼는 일만 했다. 유군업은 짚신을 삼으면 윤여화에게 주어, 윤여화가 강화읍에 가지고 나가서 팔아 쌀을 사 왔다. 그러나 시골 장이라고 해도 짚신 장수가 많았다. 그래서 윤여화가 짚신을 팔지 못하면 굶는 날이 많았다.

"신 한 켤레 주시오."

때때로 마을 사람들이 와서 짚신을 사 가기도 했다.

"가져가시오."

유군업은 질박한 목소리로 대꾸했다.

"내 오늘 돈을 안 가져 왔소."

"아무 때나 돈 생기면 주구려."

유군업은 마을 사람들이 돈을 가지고 오지 않아도 짚신을 주었다. 유군업은 짚신을 삼는 일 외에는 좀처럼 문밖 출입을 하지 않았다. 그런 유군업이 나이 70이 되자 시난고난 앓다가 죽은 것이다.

'유군업이 죽었어도 그가 삼은 신발은 세상을 돌아다니고 있구나.'

이건창은 유군업의 쓸쓸한 죽음이 애석하여 시 한 수를 지었다.

풍성한 오곡은 백성들의 보물이지만	五穀芃芃民所寶
알맹이는 거두고 짚은 버렸네	斂精食實委枯槁
유 씨 노인 이것으로 일생을 보냈으니	惟叟得之以終老
살아서는 신을 삼았고 죽어서는 거적에 싸여 갔네	生也爲屨葬也藁

이건창의 시는 유군업 노인의 일생을 함축하고 있다. 누구나 추수를 하여 쌀을 마련하는 것은 소중하게 생각하지만, 타작을 하고 난 짚은 하찮게 여긴다. 유군업 노인은 쓸모없는 짚을 모아 일생 동안 신을 삼고 죽어서는 짚으로 만든 거적에 싸여 산에 묻혔다.

그러나 그와 같은 사실을 누구도 중요하게 생각하지 않았다. 있어도 그만 없어도 그만인 노인이 유군업이었다.

유군업 노인의 삶은 조용했다. 그가 어떤 사정으로 혼자 살고 있는지 알 수 없으나 불평 한 번 하지 않았고 묵묵히 자신의 일만 했다.

3
책 읽어주는
남자
전기수(傳奇叟), 이업복

조선 거리 모습은 어떠한가.

우선 드라마에서 보는 모습과는 상당히 다르다. 드라마는 의상이 화려하고 다채로운 색상이지만, 실제 조선시대 여항(閭巷)의 거리는 옹색하고 남루했다.

한양의 여항에는 기와집보다 초가집들이 **빽빽**하고 양반보다 서류(庶類) 이하의 사람이 많았다. 서류들은 농사를 짓거나 상인과 장인이 많았다. 이들이 웃고 떠들고, 삶의 애환을 같이 하면서 살았다.

조선의 여항 풍속 중에 책 읽어주는 남자가 있다. 여항시인(閭巷詩人) 조수삼의 전기수(傳奇叟)에 의하면 동문 밖에 사는 허름한 노인이 책도 보지 않고 입으로 패설을 읽었다. 숙향전, 소대상전, 심청전,

설인귀전 등 무수한 전(傳)을 읽었는데 그 읽는 솜씨가 가히 일절이라고 할 만했다.

그가 책을 읽는 곳은 초하루에는 첫 번째 다리, 둘째 날에는 두 번째 다리, 셋째 날에는 배나무재, 넷째 날은 교동, 다섯째 날은 절 입구, 여섯째 날에는 종루 거리, 일곱째 날에는 물가에 앉아서 전을 읽었다. 그 이후에는 거슬러 올라가고 다시 내려왔다. 그런 방법으로 한 달 내내 같은 길을 오가면서 전을 읽었다.

그가 책을 읽기 시작하면 처음에는 한두 명이 모이지만 나중에는 수십 명이 둘러싸서 그의 이야기를 들었다. 때로는 천군만마를 질타하는 영웅의 목소리로, 때로는 나라를 잃은 비분강개한 목소리로 책을 읽으면 사람들이 눈물을 흘리기도 했다.

그 노인은 가장 재미있는 대목에 이르면 문득 책 읽기를 그치고 묵묵히 앉아 있고는 했다. 그가 말을 하지 않으면 이야기를 듣고 있던 사람들은 뒷이야기를 알고 싶어 다투어 돈을 던져주었다.

> 아이들과 여자들은 안타까워 눈물을 흘린다네
> 영웅의 승패가 어찌 될 것인지 손에 땀을 쥐고 있는데
> 재미나는 대목에서 뚝 그치니
> 돈 버는 법이 절묘하다.
> 누군들 뒷이야기가 궁금하지 않겠는가

조수삼이 이 노인에 대한 시를 남겼다.

이 노인은 노상에서만 책을 읽었다.

그러나 조선시대에 많은 권문세가에서는 책 읽어주는 남자들을 불러다가 이야기를 듣고는 했다. 책을 읽어주는 것을 청하는 사람들은 부유한 노인들이거나 양반가의 부녀자가 많았다.

부녀자들은 비교적 중년 이상의 여인들이 책을 읽어줄 것을 청했다. 물론, 부녀자들에게 책을 읽어줄 때는 내외를 하기 때문에 발을 내려야 했고 밤에는 출입하기가 어려웠다.

부녀자들의 웃음소리

이업복(李業福)은 서얼 출신으로 겸인(傔人, 일종의 비서)이었는데, 위인이 총명하여 글을 잘 낭송했다. 목소리가 낭랑하고 책을 읽을 때 감정을 실어서 읽기 때문에 듣는 사람들은 종종 눈물을 흘리거나 웃음을 터트리기도 했다.

이업복은 듣는 사람이 감동하는 눈치면 더욱 신명이 나게 책을 읽어 한양의 호부(豪富)란 사람들이 다투어 그를 초청하여 책을 읽게 했다.

책을 읽고 책 읽는 소리를 듣는 풍경은 다양하다. 과부들끼리 한 방 가득히 둘러앉아서 듣는가 하면, 온 가족이 듣는 경우도 있고, 중년 과부가 혼자 앉아 듣는 경우도 있다. 어떤 여인은 방에 비스듬히 누워서 춘향전의 호합(好合)하는 부분을 읽으라고 했다.

애고 잡성스러워라. 업음질을 어떻게 하오? 나는 부끄러워 못하겠소.

어서 벗어라. 어서 벗어라.

나는 부끄러워 못 벗겠소.

에라 이 계집아, 네 아니 벗으면 내가 벗겨주랴.

만첩청산 늙은 범이 살진 암캐 물어다가 놓고 이는 빠져 먹던 못하고 으르렁으르렁 어루듯이 북해 황룡이 여의주를 물고 채운간에 넘노는 듯 도련님 급한 마음 와락 달려들어 춘향의 가는 허리를 후려쳐 안고 저고리 풀며 바지 버선 다 벗겨 놓았더니 춘향이 하는 말이 에고 잡성스러워라.

네가 뉘 간장을 녹이려고 이리 곱게 생겼느냐? 여봐라, 춘향아 이리와 업히어라

옷을 벗은 계집아이라 부끄러워 어쩔 줄을 모르는 계집아이를 업고 못할 소리 없다

에고 춘향아, 네가 내 등에 업혔으니 어떠하냐?

한정 없이 좋소

여봐라, 내가 너를 업고 좋은 말을 할 것이니 대답을 할 터이냐

좋은 말씀 할 량이면 대답 못 할 것이 없소

이업복이 춘향전의 업음질 대목을 읽노라면 여인들은 한숨을 내쉬거나 숨소리가 거칠어지고는 했다.

춘향전의 업음질 대목은 금병매, 수호지의 서문경이 반금련을 유혹하는 대목과 함께 가장 외설스러운 장면이다.

이런 부분을 읽다가 보면 책 읽어주는 남자나 듣는 여자나 흥분을 할 수밖에 없다.

이업복은 책을 읽어주면서 많은 여자와 음행했다. 때로는 기생들도 이업복을 불러 책을 읽게 하고는 했다.

"참으로 좋소."

이업복이 책을 읽으면 부녀자들이 밀과를 내주며 좋아했다.

이업복의 집 옆에는 한 아전 부부가 이업복과 친하게 지내면서 그를 자주 불러 술을 대접하고 책을 읽어달라고 청했다. 이업복은 아전 부부의 집을 마치 친척 집처럼 드나들면서 친하게 지냈다.

그 부부에게는 아름다운 딸이 하나 있었다. 이업복이 부부 몰래 딸에게 추파를 던졌지만 그녀는 눈만 흘길 뿐 들어주지 않았다.

'내 반드시 너를 내 계집으로 만들 것이다.'

그럴 때마다 이업복은 마음속으로 굳게 다짐했다.

때마침 추석이 돌아왔다. 처녀 부모는 멀리 떨어져 있는 고향에 가서 성묘하기 위해 집을 비우게 되었다.

조선시대에는 책 읽어주는 남자가 있었다. 책 읽어주는 남자는 길거리나 규방에서도 읽어주었으며 서로 일탈하거나 부녀자를 음행하는 일이 종종 있었다. 그림에 보이는 남녀의 신발이 은밀한 사랑을 연상케 한다.
| 신윤복 〈사시장춘〉, 국립중앙박물관 소장

'아전 부부가 집을 비울 때 내 것으로 만들어야 한다.'

이업복은 절호의 기회가 왔다고 생각했다.

성묘를 떠나는 날, 처녀의 부모는 딸에게 문을 잘 잠그라고 당부했다. 그래서 처녀는 문을 단단히 닫아걸었다.

밤이 이슥하자 이업복은 담을 넘어 처녀의 방에 침입하여 껴안았다. 처녀가 깜짝 놀라 소리를 지르면서 주먹으로 이업복을 무수히 때렸다.

"내가 낭자를 좋아하니 아무리 때려도 좋다."

이업복은 처녀가 때리는 데도 저항하지 않았다.

처녀는 욕을 하면서 한참을 때렸으나 이업복이 끄떡도 하지 않자 지치게 되었다.

처녀는 가냘픈 여인이었다. 아무리 이업복에게 주먹질을 하면서 반항을 해도 건장한 사내의 완력을 당해낼 수가 없었다.

"난 몰라. 네 마음대로 해."

처녀는 이불 위에 쓰러져 울음을 터트렸다. 이업복은 지친 처녀를 끌어안고 음행을 했다.

"빨리 나가!"

이업복이 음행을 마치자 처녀가 소리를 질렀다.

이튿날 성묘를 하러 갔던 처녀의 부모가 돌아왔다. 이업복은 아무 일도 없었던 듯이 처녀의 부모에게 가서 성묘를 잘 다녀왔느냐고 인사를 했다.

이업복이 어머니 옆에 앉아 있는 처녀를 살피자 얼굴이 해쓱하고 귀기가 흘렀다.

이업복은 섬뜩했으나 몰래 쪽지를 보내 동네 개울가에서 만나자고 청했다. 이업복은 처녀가 이미 몸을 버렸으니 자신을 따를 것이라고 생각했다.

약속한 장소에 처녀가 나오기는 했으나 처녀는 실성한 사람처럼 헛소리했다.

"내 몸이 더러워졌으니 서왕모가 나를 데리러 올 것이다."

처녀의 눈에서 광기가 번들거렸다.

"무슨 소리를 하는 거야?"

이업복은 공연히 처녀가 무서워졌다.

"서왕모 사자가 지금 옆에 있어요."

처녀는 누구와 함께 이야기를 하는 것처럼 중얼중얼 이야기를 하고 옥가락지를 빼서 그에게 끼워주는 시늉을 하기도 했다. 또, 먼 길을 가야 한다면서 남의 신을 벗겨 자기가 신는 시늉을 하기도 했다.

이업복은 머리끝이 쭈뼛하여 그 자리를 떠났다.

며칠이 지나자 처녀는 갑자기 집을 나가 행방불명이 되었다. 처녀의 부모가 미친 듯이 찾아 헤매도 처녀를 찾을 수가 없었다.

이업복과 처녀의 이야기는 가슴 아픈 일이다. 그러나 〈청구야담(靑丘野談)〉의 이 일화는 책 읽어주는 남자에 대한 조선시대의 풍속을 살필 수가 있다.

책 읽어주는 남자 전기수(傳奇叟)는 대개 노파들이나 중년 이상의 부녀자들에게 책을 읽어주기 때문에 여러 문제가 발생했다.

영조시대에 책을 읽어주는 직업을 가진 한 남자는 목소리가 여자처럼 곱고 얼굴과 살결이 희었다. 게다가 그는 여자들의 언문 필체도 잘 썼다.

어느 날 그는 얼굴에 분을 바르고 여자 옷으로 바꾸어 입은 뒤에 사대부 집을 돌아다니면서 책을 읽어주기 시작했다. 부녀자들은 그가 여자인 줄 알고 내실까지 기꺼이 들어오게 한 뒤에 책을 읽어달라고 청했다. 그가 여자라는 사실을 추호도 의심하지 않았기 때문에 내외를 할 필요가 없었다.

그는 때때로 음담을 읽어 방에 앉거나 누워서 듣는 부녀자들의 얼굴을 붉게 만들었다. 음담이 절정에 이르면 책을 읽어주는 그나 듣는 사람도 숨소리가 거칠어지고 얼굴이 화끈거렸다.

그는 부인들의 눈빛이 몽롱해질 때를 기다려 가만히 껴안고 애무를 했다.

"남우세스럽게 어찌 이러는가?"

부녀자들은 그가 애무를 해도 뿌리치지 않았다. 그저 같은 여자의 장난이려니 할 뿐이었다. 그러나 그는 부녀자들이 달아오르면 그때를 기다렸다는 듯이 음행을 저질렀다.

부녀자들이 그가 남자인지 알고 깜짝 놀랐을 때는 이미 어찌할 수가 없었다.

책 읽어주는 남자가 여장을 하고 사대부 집을 돌아다니면서 많은 부녀자를 음행하자, 한양에 흉흉한 소문이 나돌기 시작했다. 사대부 집의 많은 여자가 책 읽어주는 남자에게 유린당했다는 소문이 퍼지고 포도청에서도 이를 알게 되었다.

"책 읽어주는 놈을 잡아라!"

포도청이 비상령을 내리고 기찰(譏察)을 했으나 잡지 못했다.

"허어, 이런 고약한 놈이 있나!"

형조판서 장붕익도 흉흉한 소문을 들었다.

"전기수를 속히 잡아들이라."

장붕익이 형조의 나졸들에게 영을 내렸다. 그러니 형조의 나졸들도 음행을 저지르고 돌아다니는 전기수를 잡을 수 없었다.

"어찌하여 전기수를 못 잡는 것인가?"

"전기수가 여자로 변장하고 다니기 때문에 꼬리를 잡을 수 없다고 합니다."

종사관이 난처한 표정으로 대답했다.

"이에는 이, 눈에는 눈이다. 우리도 여자로 변장하여 전기수를 불러라!"

장붕익이 영을 내리자 형조의 기포와 나졸들이 양반 여자로 변장하고 전기수를 불렀다.

"여자 전기수를 불러주세요."

형조의 나졸들이 다모를 동원하여 세책방에 연락을 취했다.

"누구네 댁이요?"

"진천현감을 지낸 댁인데 이번에 한양으로 이사 왔어요. 현감 나리 작은댁이에요."

"집이 어디요?"

"성균관 맞은편 집이에요."

"알았소. 오늘 밤에 보내드리리다."

마침내 여장남자 전기수가 걸려들었다.

형조 판서 장붕익이 책 읽어주는 남자를 입에 재갈을 물리고 잡아다가 죽였다. 책 읽어주는 남자를 통해 사대부 부인네들의 음행이 드러날 것을 우려했기 때문이었다.

책 읽어주는 남자에게 당한 여자들은 대부분이 영조시대의 저명한 사대부들의 부인이었다.

책 읽어주는 일은 조선시대의 한 풍속이었다. 책 읽어주는 남자 앞에 쪼그리고 앉아서 귀를 기울이는 사람들은 이야기에 굶주렸을 것이다. 글을 모르니 책을 읽을 수도 없고, 세상을 모르니 이야기를 알 수가 없었다. 그래서 《삼국지》의 〈도원결의〉나 〈적벽대전〉도 전기수를 통해 들어야 했다.

거리에서 책을 읽어주는 것은 큰 문제가 없었으나 은밀한 규방에서 읽어주다 보니 문제가 발생했다.

이업복이 저지른 일은 개인적인 음행이지만, 장붕익이 처단한 전기수는 사회적인 문제를 내포하고 있었다. 규방 여자들의 은밀한 성에 대한 욕망이 전기수를 통해 표출된 것이었다.

4
천하 호걸
구팔주

조선의 문화는 끼리끼리 문화다. 사대부는 사대부끼리 노론은 노론 끼리, 소론은 소론끼리 서로 이끌고 밀어주곤 했다. 문인은 무인을 적 대시하고, 노론은 소론을 적대시하고 소론은 노론을 적대시했다.

무신들은 문신과 함께 양반의 신분을 갖고 있었다. 문신을 동반 (東班), 무신을 서반(西班)이라고 하여 둘을 합쳐 양반(兩班)이라고 부 른 것이다. 그러나 세월이 흐르면서 무신의 자리인 서반까지 문신 들에게 빼앗기고 말았다.

무신들은 병사와 같은 지방직을 맡는 것이 고작이었고 그나마도 자리가 한정되어 있어서 무과에 급제해도 벼슬을 못하는 경우가 많 았다.

벼슬길에 나서지 못한 무인들은 한량이 되거나 불한당이 될 수밖에 없었다. 이러한 일이 반복되자 애초부터 벼슬길에 나서는 것을 포기하고 한량으로 사는 사람이 늘어났다.

여주 호걸로 불린 사내

구팔주(具八柱)는 무인 집안 출신이었다. 아버지 구문영은 수군절도사를 지내고 형 구택주는 군수를 지냈다. 전통적인 무인 가문이었기 때문에 어릴 때부터 활쏘기와 말타기, 검술과 창술 연마에 힘썼다.

무예를 연마하는 사람 중에 한량이 많았다. 구팔주는 여주의 한량들과 어울려 기루에 다녔다.

"아이고, 어서 오세요. 여주 호걸 구 도령이시네."

기생들이 교태를 부리며 구팔주 일행을 맞이했다.

"호걸이라니 그게 무슨 말인가?"

구팔주는 짐짓 모르는 체하면서 기생을 껴안았다. 기생에게서 지분 냄새가 물씬 풍겼다.

"그럼 한량이라 부르오리까?"

"한량은 또 무엇인고?"

"그렇다고 불한당이라고 부를 수는 없지 않습니까?"

"예끼!!"

구팔주가 눈알을 부라리는 시늉을 하자 기생들이 까르르 웃음을 터트렸다.

한량(閑良)은 한가한 사람이고 불한당(不汗黨)은 땀을 흘리지 않는 사람이다. 남들은 열심히 일을 하는데 한가하게 놀거나 땀을 흘리지 않는 것은 민폐를 끼치는 일이다.

기생이 구팔주를 호걸이라고 부르는 것은 며칠 전 여주나루의 무뢰배 황장사를 물리쳤기 때문이다. 황장사는 여주나루에서 배를 타는 행인들에게 물건을 강매하거나 재물을 강탈하여 여주를 오가는 사람들이 원수처럼 미워하고 있었다.

황장사가 구척장신인데다 힘이 장사여서 관아에서도 그를 모른 체하고 있었다. 그래서 천민들은 그에게 통행세까지 바쳤다. 여주나루를 오갈 때 돈을 내지 않으면 공연히 시비를 걸어 흠씬 두들겨 팼기 때문이다.

'황장사는 천하의 악한이다.'

여주 사람들이 겉으로 드러내어 말하지는 않았으나 속으로 비난했다.

"네가 보잘것없는 용력을 믿고 사람들을 겁박하는 황장사라는 놈이냐?"

구팔주는 여주나루를 찾아가서 황장사에게 호통을 쳤다.

"네놈은 누구냐?"

황장사가 눈을 부릅떴다.

"여주 사람들 원성이 자자해서 내가 못된 버릇을 고쳐주려고 왔다."

"네 나이 몇이냐?"

"열여섯이다."

"하하! 가서 네 어미 젖이나 더 먹고 오너라."

"이놈아, 한번 덤벼 보아라."

구팔주가 큰소리를 치자 장내에 사람들이 구름처럼 모여 들었다. 황장사는 그때서야 성큼성큼 앞으로 나왔다.

"네놈의 허리를 분질러서 여강에 던져 물고기 밥이 되게 하겠다."

"하하! 여강의 물고기는 네놈을 보고 싶어 한다더구나."

"이놈!"

황장사가 벼락을 치듯이 고함을 지르면서 구팔주에게 돌진했다. 구팔주는 재빨리 몸을 피했다. 황장사는 더욱 분개하여 씩씩거리면서 구팔주를 잡으려고 했다.

구팔주는 몇 번 몸을 피하더니 번개처럼 허공으로 솟아올라 황장사의 턱을 걸어찼다. 황장사는 산이 무너지듯 콰당하고 쓰러졌다. 황장사가 비틀거리면서 일어나자 이번에는 머리 위로 번쩍 들어 패대기를 쳤다. 황장사는 다시 일어나지 못했다.

구팔주의 이름은 그날 이후 여주 일대에 널리 알려졌다. 사람들이 그를 협사라고도 부르고 소년장사라고도 불렀다.

'조선에서 무인은 출세할 수가 없다. 기껏해야 병사나 변방의 수령자리가 고작 아닌가?'

구팔주는 무인 중에 크게 출세하여 명성을 떨치는 인물이 없는 것을 보고 실망했다. 삼정승은 물론 육조 판서까지 무인이 한 사람도 없었다.

'평생 공자나 맹자를 찾아서 조선이 이 꼴이 되었나?'

조선은 흉년과 질병, 관리들의 부패로 백성들이 고통을 받고 있었다. 그러나 조정 대신 누구도 이를 개혁하려고 하지 않았다.

잔치 비용을 탕진한 구팔주

구팔주는 한동안 여주에서 지내다가 한양으로 올라왔다.

한양에서도 그의 한량 생활은 계속되었다. 한양은 여주와 달리 기루가 많고 기루에서 기생하는 왈짜며 한량도 많았다. 구팔주는 그들과 교분을 나누면서 기루에 출입했다.

남대문에 술장사를 하는 사람이 있었다. 술장사가 잘 되는 것을 본 사나운 포졸이 술집을 빼앗으려고 했다.

"이놈아, 왜 남의 술집을 빼앗아?"

구팔주는 사나운 포졸을 번쩍 들어서 패대기쳤다. 사나운 포졸은 벌벌 떨면서 달아났다. 그 소문이 널리 퍼져 구팔주가 의로운 인물이라고 여기는 사람들이 많아졌다.

마포나루에 새우젓을 파는 상인들에게 자릿세를 뜯는 무뢰배가 있었다.

"이놈, 네놈이 뭔데 자릿세를 뜯어?"

구팔주는 무뢰배를 한 손으로 집어 던졌다. 구팔주에 대한 소문이 한양 일대에 널리 퍼졌다.

구팔주가 태어나고 자란 여주 신륵사 앞 여강. 앙상한 나뭇가지가 시대와 불화한 그의 삶을 나타내는 것처럼 쓸쓸하고 외로워 보인다. | 저자 촬영

'구팔주는 협사다.'

기생들은 의협심이 있는 구팔주를 좋아했다. 그러나 한양 장안에서 힘깨나 쓰는 무뢰한들은 많았다.

"이놈아, 네가 구팔주냐?"

무뢰배들은 힘으로 구팔주를 당하지 못하자 무리를 지어 몽둥이를 휘둘렀다.

"이놈들이 비겁하게 몽둥이를 들고 달려드네."

구팔주는 연자루(燕子樓)로 올라가 피했다. 무뢰배들은 그가 연자루의 난간에 올라가 앉아 껄껄대고 웃자 혀를 내두르며 물러갔다.

"이놈아, 한량 짓은 그만두고 무과를 보거라!"

아버지 구문영이 구팔주를 불러서 호통을 쳤다.

"형님이 있는데 아우가 어찌 먼저 과거를 보겠습니까?"

"그렇다면 여주에 내려와 있도록 하거라."

아버지 구문영의 엄명에 의해 구팔주는 여주로 내려왔다.

구문영이 여주목사로 있을 때였다. 형 구택주가 과거에 급제했으니 잔치 비용을 보내달라고 급한 연락이 왔다.

"네 형이 급제를 했다는구나. 이 돈을 형에게 갖다 주어라."

아버지 구문영이 술과 음식을 준비하고 5만 전의 돈을 구팔주에게 주었다.

"예. 알겠습니다."

구팔주는 호기롭게 대답하고 배에 음식과 술을 가득 싣고 돈 5만 전까지 받아서 여주 버들나루를 떠났다.

배가 순풍을 타고 살 같이 달리기 시작하자 구팔주는 흥이 솟구쳤다. 날씨는 맑고 바람결은 상쾌했다. 뱃전에 서서 노랫가락을 뽑는데 오가는 배에서 모두 일어나서 장단을 맞추었다.

"태평천하로구나. 흥이 이렇게 도도한데 어찌 술을 마시지 않으랴."

구팔주는 형의 잔치에 쓰일 술 항아리를 꺼내 벌컥벌컥 마셨다.

"나리, 이 술은 큰 도련님 잔치에 쓸 술입니다."

하인들이 난처한 표정으로 구팔주를 만류했다.

"이놈들아, 날이 이렇게 좋은데 술을 안 마신다는 말이냐?"

구팔주는 노래를 부르다가 술을 마시고 술을 마시다가 노래를 불렀다.

> 낙양성 십리하에 높고 낮은 저 무덤은
> 영웅호걸이 몇몇이며 절세가인이 그 누구냐
> 우리네 인생 한번가면 저 모양이 될 터이니
> 한송정 솔을 베어 조그맣게 배를 지어
> 술렁술렁 배 띄워놓고 술이나 안주 가득 싣고
> 산천경개 구경가세

종들이 모두 고개를 절레절레 흔들었다. 그런데 한양 못미처에 이르자 날이 흐려지고 빗방울이 뿌리기 시작했다.

"나리, 빗방울이 뿌리는데 인제 그만 드십시오."

"어허! 이놈들아, 옛날부터 비가 오면 날궂이 술을 마시는 것이 풍류라고 했다."

"그럼 날이 좋으면 좋아서 마시고 날이 궂으면 궂어서 마십니까?"

"옳거니! 네가 풍류를 아는구나."

구팔주는 호탕하게 웃으면서 술을 마셨다.

한 송이 떨어진 꽃이 낙화 진다고 설워 마라.

한번 피었다 지는 줄을 나두 번연히 알면서도

모진 손으로 꺾어다가 시들기 전에 내버리니

버림도 쓰라리거든 무심코 밟고 가니

구팔주는 술을 마시고 취흥이 도도하여 노래를 불렀다. 하인들은
모두 혀를 내둘렀고 그러는 동안 배가 삼개나루에 가까이 이르렀다.

하인들이 부지런히 물건을 내릴 준비를 했다.

"나리, 인제 그만 드시고 일어나셔야지요."

"벌써 도착했느냐?"

"예. 저기 삼개나루가 보이지 않습니까?"

"무슨 소리야? 내가 언제 삼개나루에 간다고 했느냐? 나는 태안
으로 갈 것이다."

"태안이요? 그게 무슨 말씀입니까?"

"창해(蒼海)다. 푸른 파도가 넘실대는 바다에 가서 술을 마시련다."

"나리, 형님 잔치는 어찌시려고요?"

"내 알 바 아니다. 형님이야 과거에 급제했으니 좋은 벼슬자리 한
번 해먹을 거 아니냐? 바다로 가자. 만경창파에 배 띄워놓고 술을
마시자."

구팔주는 하인과 배꾼들을 위협하여 서해로 나아갔다.

그는 태안의 경치 좋은 곳에 술과 안주를 내려놓게 하고 기생들을
불러 매일 같이 술을 마셨다. 거문고를 타고 인근의 선비들까지 불

러 술을 마시니 모르는 사람이 없을 정도였다. 그렇게 몇 달을 놀자 돈이 모두 떨어져 기생들까지 돌아보지 않게 되었다.

"이제 놀만치 놀았으니 산천경개나 유람해야 하겠다."

구팔주는 천하 명산을 두루 돌아다니다가 백두산에 올라갔다.

'아아, 민족의 영산에 올랐으니 내 이제 무슨 소망이 있으랴.'

구팔주는 장대한 천지를 보고 감개에 젖었다.

벼슬보다 더 좋아한 풍류

구문영이 다시 그를 불렀다.

"돈 5만 전을 탕진한 것을 탓하지 않을 테니 과거를 보아라."

아버지 구문영이 엄격하게 말했다. 구팔주는 아버지의 엄명에 의해 과거 공부를 했으나 썩 내키지 않았다.

그는 무과를 위해 활쏘기, 말타기, 창술, 병서를 공부하면서 틈틈이 한량들과 어울려 기루에 출입하면서 놀았다. 그러는 동안 혼인해서 아들도 낳았다.

구팔주는 30세가 되어서야 간신히 병과 75위로 무과에 급제하여 무관 말직을 전전했다. 그는 정5품인 통덕랑의 벼슬까지 올랐으나 더 이상 벼슬이 오르지 않았다.

'제기랄, 내가 이런 변방에서 평생을 보내야 하나?'

구팔주는 벼슬을 때려치우고 한양으로 돌아왔다. 매일 같이 술을 마시고 한량들과 어울렸다.

"집안에 출세한 분이 있으니 그 집에 찾아가서 인사 올리고 벼슬이라도 구해 보는 것이 어떤가?"

사람들이 구팔주에게 집안의 높은 사람을 찾아가 보라고 권했다. 그러나 그는 찾아가지 않았다.

구팔주가 벼슬하기를 원하지 않았으나 그가 호쾌한 인물이라는 것을 알고 고을 원에 천거했다.

"고을에 기생과 악대가 없다고? 그렇다면 내가 무슨 낙으로 수령 노릇을 하겠느냐?"

구팔주는 수령 자리를 깨끗하게 거절하고 산수유람을 하고 돌아다녔다. 그는 명산을 찾아 유람하다가 기이한 돌을 발견하면 집으로 가지고 돌아와 하루 온종일 바라보면서 거문고를 연주하는 것이 유일한 낙이었다. 그러는 동안 생업을 돌보지 않아 가세는 더욱 기울고 액운이 겹쳐 처자식마저 세상을 떠났다. 그는 삿갓을 쓰고 베옷을 입고 천하를 유람했다.

마음에 들지 않으면 상대방이 누구든지 면전에서 욕설을 퍼부었다.

구팔주는 늙고 병들었다.

한번은 죄도 없이 관가에 끌려가 옥에 갇혔다. 구팔주는 조금도 두려워하지 않고 관장에게 욕설을 퍼부었다.

"내가 천하 호걸 구팔주다. 내가 무슨 죄를 지었다고 옥에 가두느냐?"

구팔주가 고래고래 소리를 지르자 사람들은 그의 곤궁함을 동정하면서도 기개가 쇠하지 않은 것을 장하게 여겼다.

구팔주가 언제 죽었는지 어떻게 죽었는지는 전해지지 않는다. 그는 시대와 불화한 인물로 무뢰배 또는 불한당으로 불린다.

비슷한 시기에 외팔이 불한당이 있었다. 그는 몹시 사납고 용맹하여 감당할 수가 없었다. 그가 어렸을 때에 이미 역사의 기운을 갖고 있었기 때문에 그가 도적이 될 것을 두려워한 아버지가 오른팔을 잘라 내쫓았다.

외팔이는 영남 일대를 두루 돌아다니며 동냥을 하고 대낮에 시장에서 금품을 탈취했다. 그러나 누구도 그를 상대할 수 없었다. 창녕 현감이 우여곡절 끝에 그를 잡아들이기는 했으나 제압할 수 없었다. 옥에 가두면 형구를 부수고 탈출했다.

"도적이 제때를 만나지 못한 것이 참 애석합니다. 만일 임진왜란 때였다면 공이 반드시 천금을 주고 그를 초빙했을 것입니다."

성대중이 창녕 현감에게 말했다. 외팔이는 경상도 감영에 압송되었으나 감사도 그를 어찌하지 못하고 석방했다.

구팔주는 외팔이처럼 천하 호걸로 널리 알려져 있다. 그러나 어떠한 호걸 행을 보였는지는 자세히 알 수가 없다.

5

왕명에도 굴복하지 않았던 강직한 사내
아전, 김수팽

아전(衙前)은 이서(吏胥)라고도 불리는데 조선시대의 하급관리를 일컫는다.

경아전은 중앙의 하급관리고 외아전은 지방의 하급관리다. 경아전은 종7품까지 승진할 수 있지만 외아전은 대부분 세습한다.

아전이라는 말은 지방 고을의 수령인 현감, 군수 등이 근무하는 정청 앞에 그들이 근무하는 이방청이나 형방 등 육방청이 있기 때문에 붙여진 이름이었다. 중앙 관서의 아전이 되면 지금의 중산층 정도의 생활을 할 수 있었다.

예나 지금이나 공무원들은 직업으로서 선망의 대상이다. 그러나 이들이 나라에서 녹봉을 넉넉하게 받아서 중류층의 생활을 할 수 있는 것이 아니었다. 중앙 관서의 장(長)이 바뀔 때 물러나는 장이 그동안 수고했다고 수백 냥의 당참전(堂參錢)을 내놓는 것이 관례가 되었고 뇌물도 많았다. 그 바람에 아전들은 부유하게 살았다. 그러나 백성들을 위하여 봉사한다는 자부심으로 청렴하게 사는 아전들도 적지 않았다.

송죽 같은 기상

영조 때 호조에 김수팽(金壽彭)이라는 인물이 있었다.

그는 어려서부터 기개가 뛰어나고 장부다운 절조가 있었다. 이는 그의 어머니의 엄격한 교육에 의한 것이었다.

어느 날 김수팽의 어머니는 아궁이를 뒤적거리다가 돈 꾸러미를 발견했다. 그녀는 가난한 살림에 뜻하지 않은 돈이 생기면 남편과 아들들이 방탕해질 것을 우려하여 돈을 다시 묻었다.

김수팽은 호조의 서리가 되자 스스로 검약하고 청렴하게 살겠다고 결심했다. 그는 아우를 선혜청 서리로 취직하게 한 뒤에 역시 백성을 위하여 청렴하게 살라고 권했다.

김수팽이 아우에게 이렇게 권한 것은 호조나 선혜청이 막대한 이권이 있는 관청이었기 때문에 비리와 관련되어 처벌받는 서리가 많은 탓이었다.

김수팽의 아우는 형님의 충고를 잊지 않겠다고 맹세했다.

그들 형제는 비록 서리였으나 맡은 일을 충실하게 했기 때문에 많은 사람의 신망을 얻었다.

하루는 김수팽이 아우의 집을 방문하자 마당에 동이가 줄지어 놓여 있고 울긋불긋한 염료가 여기저기 묻어 있었다.

"아우 이게 무엇인가?"

김수팽이 눈살을 찌푸리면서 동생에게 물었다.

"형님, 제 처가 정염업(靘艷業)을 하고 있습니다."

김수팽의 아우가 공손히 대답했다. 정염업은 염색업을 말하는 것으로 부인이 부업으로 하고 있었다.

"우리는 관청의 서리로 녹을 받아서 충분히 먹고 살고 있다. 그런데 부귀를 얻기 위해 이런 짓을 하면 가난한 사람들은 무엇을 해서 먹고 살라는 것이냐?"

김수팽은 아우를 크게 꾸짖고 동이에 있는 염료를 모두 엎어버렸다. 동이에 가득했던 염료가 도랑을 이루고 흘러갔다. 김수팽의 동생과 부인의 얼굴이 사색이 되었으나 진노하고 있는 김수팽의 부리부리한 눈을 보자 감히 항변할 수 없었다.

어느 날 김수팽이 공문서를 가지고 결재를 받으러 호조판서의 집으로 갔다. 그런데 판서는 결제를 할 생각은 하지 않고 손님과 바둑에 열중하고 있었다.

'긴급한 일인데 결재를 하지 않으니 어떻게 하라는 말인가?'

김수팽은 분노가 일어났다. 호조에서 결재만을 기다리고 있는 다른 부서 서리들의 얼굴이 떠올랐다. 김수팽은 다시 한 번 결재를 받으러 왔다고 공손하게 아뢰었다. 판서가 결재를 해야 녹미를 지급

관청의 하급관리인 아전. 아전은 나라에서 주는 녹봉으로는 생활할 수 없었다. 그래서 많은 아전이 부패했고, 뇌물을 많이 받는 아전은 부유하게 살았다. 그러나 올곧은 품성을 가졌던 김수팽은 청렴하고 자기 직무에 충실한 아전으로 칭송을 받았다. | 조선시대 아전들의 근무처인 이방청. 저자 촬영

할 수 있었기 때문이다.

판서는 이번에도 고개만 끄덕거릴 뿐 바둑판만 심각하게 들여다보고 있었다. 대국이 잘 풀리지 않는지 얼굴에 초조한 기색이 역력했다. 김수팽은 대청에 올라가 바둑판을 쓸어버리고 마당에 내려와 털썩 무릎을 꿇었다.

"이놈! 네놈이 죽으려고 환장했느냐?"

판서가 눈에서 불을 뿜으면서 호통을 쳤다. 판서 댁의 겸인들과 종들도 대경실색했다.

판서와 바둑을 두던 점잖은 선비는 낭패한 얼굴로 김수팽에게 손가락질을 했다.

"대감, 소인이 죽을죄를 지었습니다. 하오나 이 일은 시급을 다투는 일이니 결재를 미루시면 안 됩니다."

김수팽은 눈썹도 까닥하지 않고 판서를 쳐다보면서 말했다.

"고얀 놈이로다!"

김수팽의 말에 판서가 비로소 마땅치 않다는 표정으로 문서를 살폈다.

판서는 문서를 다 읽은 뒤에 수결을 했다.

"속히 가지고 가거라."

판서는 김수팽에게 벌을 내리지 않고 문서를 내주었다. 판서의 결재를 받은 김수팽은 서류를 가지고 호조로 돌아와 일 처리를 모두 마쳤다. 그러나 판서의 바둑판을 쓸어버린 일이 마음에 걸렸다.

이튿날 아침, 김수팽은 판서가 호조에 등청하자 사직서를 써서 제출했다.

"이는 너의 잘못이 아니다. 사직하지 말고 직분을 다하라."

판서는 손을 내저으면서 김수팽의 사직서를 도로 내주었다. 김수팽이 판서의 바둑판을 쓸어버린 일은 경아전들에게 바람처럼 퍼졌다. 각 부서에 소속되어 있는 경아전들은 김수팽이 서리의 자존심을 세웠다고 하기도 하고 언젠가는 크게 다칠 것이라고 우려하기도 했다.

왕명도 거역하다

하루는 김수팽이 호조에서 숙직하고 있는데 대전 내관이 허겁지겁 달려와서 왕명이니 호조의 돈 10만 금을 내달라고 요구했다.

시간은 벌써 밤 4고(四庫)가 되어 있었다. 김수팽은 숙직하는 아전들의 책임자였으나 한밤중에 10만 금의 큰돈을 내줄 수가 없었다. 호조의 돈은 밤중에 출납하는 것이 엄중하게 금지되어 있었기 때문이다.

"밤중에 이리 큰돈을 내줄 수가 없습니다."

김수팽은 당연하게 거절했다.

"이놈아, 네놈이 왕명을 거역한다는 말이냐?"

대전 내관이 김수팽에게 눈알을 부라리면서 호통을 쳤다.

대전 내관은 내시부에서 가장 높은 인물로 임금의 측근 중의 측근이었다.

함께 당직하던 호조의 서리와 하례(下隸)들이 벌벌 떨었다.

"이는 판서 대감의 결제가 있어야 합니다. 소인이 마음대로 내줄 수가 없습니다."

대전 내관이 펄펄 뛰고 있는데도 김수팽은 완강하게 거절했다.

"이놈아, 판서 대감의 결제가 왕명보다 더하다는 것이냐?"

"서리가 어찌 10만 금을 마음대로 내줄 수 있다는 말이오? 판서 대감의 결재가 없으면 안 됩니다."

김수팽과 대전 내관은 호조 앞에서 팽팽하게 맞섰다.

대전 내관이나 서리는 품계에서 확연히 차이가 난다. 대전 내관은 임금의 특지로 정3품 당상관 이상이 될 때도 있지만 대부분 정4품 당하관이다. 그러나 서리는 품계조차 없으니 하늘과 땅 차이이다.

"그러면 속히 가서 판서 대감의 결재를 받아오거라."

김수팽이 완강하게 버티자 대전 내관이 마지못하여 한발 물러섰다. 김수팽은 황소걸음으로 느릿느릿 걸어서 판서의 집에 가서 결재를 받아 호조로 돌아와 10만 금을 내주었다. 그때는 이미 날이 훤하게 밝아 있었다. 호조의 규정대로 밤중에 출납하지 않고 날이 밝은 뒤에 출납하게 된 것이다.

그러나 대전 내관은 일이 지체된 것을 영조에게 고하고 왕명을 업신여긴 호조의 서리를 사형에 처해야 한다고 아뢰었다.

"그 서리 이름이 무엇이냐?"

영조가 대전 내관을 살피면서 물었다.

"김수팽이라는 자입니다."

대전 내관이 고개를 숙이고 아뢰었다.

"호조 서리가 무슨 짓을 하였느냐?"

영조의 하문에 대전 내관이 김수팽이 일부러 돈을 내주지 않고 판서의 집으로 황소걸음으로 느릿느릿 걸어가서 결재를 받아 오는 바람에 날이 밝아서야 왕명을 집행한 사실을 아뢰었다.

"하하하! 호조의 서리가 직무를 충실히 한 것이다. 어찌 그를 죄줄 수 있겠느냐?"

대전 내관으로부터 자초지종을 들은 영조는 호탕하게 웃으면서 김수팽의 근무 자세를 가상하게 여기고 칭찬했다.

　김수팽의 딸이 궁녀로 선발되었다. 김수팽은 지엄한 대궐에서 하는 일이라는 주위의 만류에도 불구하고 대궐에 들어가 신문고를 두드렸다.

　영조가 북소리를 듣고 김수팽을 어전으로 불렀다.

　"네 어찌 북을 쳤는고?"

　영조가 어전에 꿇어 엎드린 김수팽에게 물었다.

　"소인은 호조의 서리 김수팽입니다."

　김수팽은 어전에서도 당당하게 아뢰었다.

　"네가 호조의 서리라고? 대체 무슨 일로 북을 쳤느냐?"

　"신의 딸이 궁녀로 선발되었기에 감히 아뢰옵니다. 궁녀는 액정서에서 선발하고 민간에서 처녀를 선발하는 것은 폐해가 많으니 법으로 금지하소서. 감히 청원을 드립니다."

　김수팽은 영조 앞에서도 목소리를 낮추지 않고 궁녀 선발의 민폐를 조목조목 아뢰었다.

　"네 뜻대로 하겠다."

　영조는 김수팽의 청원을 쾌히 들어주었다. 이는 영조가 지난날 대전 내관으로부터 김수팽의 인물됨을 들어서 알고 있었기 때문이었다.

　외아전은 지방의 아전이고 녹봉이 없었다. 그래서 자기 생업을 가지고 아전으로 근무해야 했다.

아전들은 수령을 도와 지방의 행정을 처리해야 했으나 점차 백성들을 수탈하고 재물을 모으는 데 혈안이 되었다. 그래서 조선의 수많은 문집에 아전의 착취와 행패가 기록 되어 있는데 부패의 온상이었다.

매화나무에 세금을 부과한 김해의 수령과 아전, 환곡을 징수할 때 몇 배를 올려 징수하는 각 지방 고을의 아전들. 그들의 행패는 끝이 없었다. 아전들로 인해 조선은 부패했고 조선 후기에 이르면 세미까지 착복했다.

> … 찬하노라. 그 사람을 머릿속에 떠올려 보면 기풍이 있었으며 공손한 마음으로 사람들을 가까이하였다. …

조희룡(趙熙龍)이 〈호산외기(壺山外記)〉에 김수팽의 전(傳)을 기록하면서 남긴 칭송이다. 조선시대 아전들은 비리의 온상이었기 때문에 오롯했던 김수팽을 극찬한 것이다. 김수팽같은 인물은 오늘의 공무원들도 본받아야 할 것이다.

6

세상을 등지고 산
이인(異人)

진종환

양반과 백성 중간에 있는 사람이 바로 중인이다. 아전, 서리, 상
인, 역관, 의관들이 이에 해당되는데, 조선시대에는 독특한 중인문
화를 형성했다.

그들은 잡과를 통해서만 관직에 진출할 수 있었으나 대부분 서리
와 같은 말직에 근무할 수 있어서 사회적인 불만을 갖고 있었다. 또,
신분 상승의 기회가 없어서 뛰어난 재능과 학문이 있어도 조선의
뒷골목에 숨어 살았다.

조선은 영·정조시대에 이어 순조시대, 19세기가 되면서 여항시
인들이 본격적으로 등장하여 자신들의 모임을 만들어 시집을 편찬
하는 등 자각운동을 펼쳤다.

침우당(枕雨堂) 장지완(張志完)은 율관 출신 중인으로 형제들이 모두 율관이었다. 장혼(張混)의 문하에서 수학하고, 동문수학한 장효무, 임유, 고진원, 정지윤 등과 함께 왕성한 시사(詩社) 활동을 전개했다. 여항문인들 최초의 시집인 《풍요삼선(風謠三選)》을 비롯하여 여항인의 저술을 정리하고 간행하는 데 노력했다.

빗속에 찾아온 손님

가을비가 추적추적 내리고 있던 가을이었다. 인왕산 골짜기에 사는 장지완은 가을빛이 완연한 산을 보고 시흥이 도도하자 시 한 편을 지었다. 여름의 끝자락이라 매미 소리가 쏟아지듯이 요란하고 골짜기를 흐르는 물소리가 청량했다.

처음 햇빛이 담 모퉁이를 비추니	初暉在牆角
나무 끝 잎에 햇살이 비낀다.	木末葉斜明
매미 소리가 마치 물소리 같아	一蟬聲如水
숲에 살면서 이른 가을 정을 느낀다.	林居早秋情

여항시인인 장지완이 시를 쓰면서 소일하고 있는데 까마귀가 울었다.

'초가을에 웬 까마귀지?'

장지완은 사랑에서 밖을 내다보면서 얼굴이 어두워졌다. 누군가 죽었다는 부음이 전해질 것 같았다.

그러나 점심때가 되도록 아무 일도 없고 저녁 무렵이 되자 빗발이 추적대기 시작했다.

'벗들이 모두 죽고 나만 남았네……'

장지완에게는 인왕산 자락에서 글공부를 하던 일곱 명의 친구가 있었다. 낮에는 골짜기에 둘러앉아 시를 읽고 밤에는 등잔불 앞에 모여 앉아 시를 논했다. 모두 중인의 자식들이었기 때문에 대과를 볼 수 없으나 시를 짓는 일이 좋았다.

푸른 산 맑은 물에서 소년 시절을 보내고 각자 생업에 뛰어들었다. 장지완은 율관 일을 하고 고진원은 서당 훈장, 유기는 필경 일을 했다.

"책을 베껴 써서 내가 한 달에 버는 돈이 500전일세. 그걸로 우리 식구가 먹고살 수 있다고 생각하나?"

언젠가 유기가 술에 취해 불평을 하던 일이 떠올랐다.

"왜 그러는가? 가난하다고 세상을 탓하는 것인가?"

"풍원군 조현명이 기생 분단의 화대로 5천 전을 주었다고 하네. 참 더러운 세상이 아닌가?"

유기는 술에 취해 울분을 토했다.

그 유기도 몇 해 되지 않아 죽었다. 장지완은 그가 굶어 죽었을지 모른다고 생각했다.

"벌써 흰머리가 이렇게 많으니 어떻게 해요?"

장지완의 아내가 사랑으로 와서 말했다.

"흰머리라……."

장지완은 공연한 소리를 한다고 생각하면서 대문께를 응시했다.

한 여자가 종이우산을 들고 대문으로 들어서고 있었다.

"저는 진종환(秦鍾煥)의 동생인데 얼마 전에 오라버니가 돌아가셨습니다. 오라버니가 좋아한 분 중에 선생만 한 분이 없습니다. 부디 오라버니가 세상에 잊히지 않게 해주십시오."

진종환의 여동생이라는 여자가 언문으로 쓴 글을 조심스럽게 내밀었다. 그것은 언문으로 쓴 진종환의 행장(行狀)이었다.

"협사 진종환을 일컫는 것입니까?"

"그렇습니다."

장지완은 규중의 여자가 이러한 일을 청하는 것이 드문 일이고 진종환이 죽었다는 말에 가슴이 아팠다.

장지완은 떨리는 손으로 진종환의 여동생 진매(秦媒)가 쓴 종이를 집어서 읽기 시작했다.

호랑이도 무서워하지 않다

진종환은 규장각 각감을 지낸 진동석의 아들로 태어났다. 어릴 때부터 천성이 유순하고 부드러워 소리를 지르거나 화를 내지 않았다. 책 읽는 것을 좋아하고 여동생인 진매를 따뜻하게 보살폈다. 비단옷을 입는 것을 좋아하지 않고 천민들처럼 베옷을 입는 것을 좋아했다.

"아이가 너무 순하다. 저렇게 순해서야 시장에서 무뢰배들에게 얻어맞기 십상일 것이다.”

사람들은 모두 진종환을 비웃었다. 그러나 진종환은 조용히 책을 읽고 글을 썼다.

그의 필체는 왕희지를 닮았고 문장은 도도했다.

밤에는 사람들이 없는 곳에서 무예를 연마했는데 활을 쏘면 다섯 발 중 네 발을 맞추었고 담장을 훨훨 넘어다니고, 팔심이 세어서 20근짜리 철장을 구부렸다.

한 번은 진매가 진종환과 함께 시골에 다녀오는데 갑자기 공기가 서늘해지면서 집채만 한 호랑이가 나타났다 .

“오라버니!”

진매는 소름이 오싹 끼쳐 재빨리 진종환의 뒤로 숨었다.

“걱정하지 마라. 오라버니가 있으니까.”

진종환이 호랑이를 쏘아보면서 말했다. 호랑이는 몇 번 으르렁거리더니 슬그머니 꼬리를 내리고 물러가기 시작했다.

“잠깐만 기다려라. 내가 호랑이를 잡아 올 테니…….”

“오, 오라버니!”

진매가 다급하게 소리를 질렀으나 그는 맨손을 움켜쥐고 호랑이를 따라 달리기 시작했다. 바위를 넘고 나뭇가지 위를 휙휙 달리는데 금세 모습이 보이지 않았다.

“놈이 어찌나 빠른지 놓쳤다. 호랑이를 잡아서 가죽을 벗겨서 우리 아우 털옷을 만들어주려고 했는데 아쉽구나.”

진종환이 돌아와 너털대고 웃었다.

진종환은 약관의 나이인 20세에 역과에 7등으로 급제했다. 그는 중국어 역과 일을 하면서 많은 중인을 사귀었다.

하루는 진종환이 중국 사신을 맞이하는 접반사 조병현을 따라갔다. 조병현은 풍양 조씨로 순조의 아들 익종의 세자빈이었던 조대비의 인척이어서 막강한 권세를 휘둘렀다. 그런 조병현이 중국 사신을 기다리면서 여우와 담비에 대해서 이야기를

진종환은 다른 역관들과 달리 꾸준하게 무예 연마를 했는데, 20근짜리 철장을 들고 무예를 할 정도였다. 그러나 시를 짓고 사냥을 하면서 자신을 드러내려고 하지 않았다. | 김홍도 풍속화 〈활쏘기〉. 국립중앙박물관 소장

했다. 그러자 역관이라 말석에 앉아 있던 진종환이 여우와 담비에 대해서 이야기를 하는데 모르는 것이 없었다.

"진 역관이 박람강기(博覽强記)로군. 얼마나 공부를 했나?"

조병현이 수염을 쓰다듬으면서 진종환에게 물었다. 종사관을 비롯해 문무관원들이 모두 귀를 기울였다.

"서책을 조금 읽었을 뿐입니다."

"그럼 본초에 대해서도 아는가?"

"하문하시면 답변을 올리겠습니다."

조병현이 시험할 생각으로 본초에 대해 묻자 모르는 것이 없었다.

"기재로다."

조병현은 무릎을 치면서 감탄했다.

진종환은 바둑도 잘 두었다. 바둑의 수준이 국수라고 불릴 정도여서 적수를 찾기 어려웠다. 그러나 당대의 국수들과 바둑을 두면 반집이나 한 집 차로 져주고 이기더라도 여러 판을 내리 이기지 않았다.

진종환의 재주는 널리 알려지게 되었다. 그의 이름이 알려지자 권세가가 하인을 보내 불렀다.

"나는 몸이 아파 갈 수가 없다."

진종환은 한마디로 거절했다.

"권세가를 만나면 출세를 할 수 있을 터인데 오라버니는 어찌 가지 않습니까?"

진매가 안타까워하면서 물었다.

진종환은 혼례를 올리고 가정을 이루고 살았으나 권세가들을 멀리하고 중인 벗들을 좋아하여 궁핍하게 살고 있었다.

"나에게 평원군의 문객이 되라고 해도 싫다고 할 터인데 권세가 따위가 대수겠느냐? 다섯 말의 쌀로 허리를 숙이는 것을 옛사람은 수치로 여겼다."

진종환은 궁핍했으나 권세가에게 허리를 숙이지 않았다.

권세가의 초청을 거절하자 그와 가까운 사람들이 중인이 건방지다고 진종환에게 욕을 하고 비난했다.

"할아버지 때부터 우리는 나라의 녹을 받고 살았다. 임금의 은혜가 산과 바다처럼 큰데 보답할 생각을 하지 않고 어찌 권세를 탐하랴. 티끌이나 이슬만치도 나라의 은혜에 보답하지 못했으니 내 분수껏 살면서 세상의 나쁜 그물에 걸려들지 않는 것이 내가 바라는 일이다."

진종환은 담담하게 말했다.

진종환은 다른 역관들과 달리 무예 연마를 하루도 거르지 않았다.

"자네가 무예에 능하다고 하는데 보여줄 수 있나?"

한 번은 유재건이 찾아와서 술을 마시다가 진종환에게 물었다.

"무예를 보아서 무얼 하시게요?"

진종환이 빙긋이 웃으면서 물었다.

"보여주는 것이 어려운가?"

"형님이 보고 싶어 하시니 따라 오시지요."

진종환은 따르는 무리들을 따돌리고 산으로 올라갔다. 20근짜리 철장을 들고 무예를 펼칠 때 찌르고 베고 하는 동작이 《무예도보통지(武藝圖譜通志)》의 내용과 같았다.

유재건이 보고 있는 동안 동작이 점점 빨라지더니 하늘로 솟아올라 검을 휘두르는데 나뭇잎이 자욱하게 날아올라 검선(劍仙)과 다를 바가 없었다.

한참이 지나자 나뭇잎이 우수수 떨어져 내리고 뒤이어 진종환이 표표히 날아 내렸다.

'만지낙화세!'

유재건은 진종환이 펼친 무예를 보고 그것이 조선의 무인들 사이에서 전설로 불리는 만지낙화세라는 것을 알고 경악했다.

"이 신묘한 재주를 어디에 쓸 것인가?"

유재건이 감탄하여 물었다.

"나에게 시간이 있어서 병영에서 군사를 지휘하게 한다면 최고의 강군을 만들 수 있을 것이오."

진종환은 집으로 돌아오자 술을 마시고 노래를 불렀는데 가락이 구슬프고 이 세상에서 들어보지 못한 노래였다.

진종환은 52세에 죽었다. 임종이 임박하자 부인이 옆에서 슬프게 울었다.

"그대는 가장 아름다울 때 나에게 시집와서 짧은 한 세상을 살았다. 슬퍼하지 말라. 내가 어찌 그대를 두고 먼 곳으로 가겠는가? 머지않아 우리는 함께 묻힐 것이다."

진종환이 임종하고 얼마 지나지 않아 과연 부인도 죽어서 합장했다.

장지완은 진매가 쓴 진종환의 행적을 보고 눈시울이 뜨거워지는 것을 느꼈다. 한 세상을 뒤흔들만한 능력을 갖춘 진종환이 죽었다는 사실이 덧없기만 했다.

장지완은 진매를 기다리게 하고 그녀가 언문으로 쓴 글을 한문으로 바꾸어 써주었다.

"오라버니는 사람들이 자신을 기억하지 않기를 바랐지만 저는 영원히 잊히지 않기를 바랍니다."

진매가 절을 하고 돌아갔다. 장지완은 망연자실하여 한참이나 넋을 잃고 앉아 있었다.

남들은 허연 머리 싫어해도 나는 좋아라	人憎髮白我還憐
한참 보면 잠시 머무는 신선 같지 않더냐	久視猶成小佳仙
둘러보면 그 몇이나 이 경지에 이르렀느뇨?	回首幾人能到此
검은 머리에도 다투어 북망산천 가는 것을	黑頭爭去北邙阡

조선시대의 문집을 읽다 보면 더러 은자(隱者)나 이인(異人)에 대한 이야기가 나온다. 은자는 재능 있는 사람이 숨어 있는 것을 말하고 이인은 보통 사람들과 다른 사람을 말한다.

조선시대는 많은 은자와 이인이 있었다. 이들은 세상을 등지고 살면서 자신의 심신만 수양했다. 진종환은 중국어 역관이면서 천하를 호령할 무예를 익혔으나 그러한 사실을 조금도 드러내지 않고 살다가 조용히 생을 마감했다.

"그래, 그럼 한 번 불러보게."

김윤식은 시골 마을의 노인이 거문고를 얼마나 잘 타랴 싶었다.

얼마 후 노인은 지팡이를 짚고 하인은 거문고를 들고 직재소에 나타났다.

그는 앞이 보이지 않는지 지팡이로 땅을 더듬고 있었다. 키가 크고 머리가 백발이어서 신선과 같은 풍모였다.

하인들에게 노인을 부축하게 한 뒤에 계단을 올라 당에 앉게 했다.

'노인에게 범상치 않은 기운이 있구나.'

3장

꽃으로
피지 못한
변방의
예인(藝人)들

1
세 가지가 없던
심의, 안경창

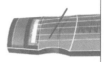

　조선시대 중인 중에 가장 많은 활약을 한 인물이 역관과 의관이었다. 의관은 사람의 생명을 다루어야 하기 때문에 지위고하를 막론해 많은 사람에게 존경 받고, 어의가 되어 임금이나 세자의 병을 치료하면 벼슬도 높아지고 많은 재물도 하사 받았다.

　태의 양예수를 비롯하여 《동의보감》을 남긴 허준 등이 모두 어의였다. 그러나 조정이나 왕실을 가까이하지 않고 백성들의 치료에 전력을 다한 의원들도 있었다.

　살아생전 만 명을 치료하겠다고 선언한 조광진, 피재길 같은 의원들은 부귀를 뜬구름같이 여기면서 백성들의 병을 치료하는 데 일생을 바쳤다. 이들 모두 중인이나 천민 출신이었다.

의원의 자세

안경창(安慶昌)은 송도의 천민 출신이었으나 어렸을 때 승려를 따라서 화장사(花庄寺)에서 공부했다. 이때 늙은 스님 하나가 있었는데 겨울에는 맨 이마에 맨발로 눈 위를 걸어 다니고, 여름에는 누덕누덕 꿰맨 옷을 입고 바위 위에 누워서 코를 드르렁거리며 골았는데, 모든 승려들이 공경하여 신승(神僧)이라고 불렀다.

신승은 하루에 한 번씩 대웅전에서 예불을 올리는 데 오랜 시간이 걸렸다.

'도통한 스님인 것 같은데 어떻게 해야 제자가 될 수 있을까?'

안경창은 스님에게 술법을 배우고 싶었지만 좀처럼 기회가 오지 않았다.

'스님에게 술법을 배우려면 스님의 눈에 띄어야 돼.'

안경창은 스님이 거처하는 방 앞을 매일 같이 비로 쓸었다. 그러나 스님은 안경창을 거들떠보지도 않았다.

'분명히 도술을 부리는 걸 거야. 그러니까 추운 겨울에도 맨발로 다니지.'

안경창은 스님이 추운 겨울에도 맨발로 다니는 것을 보고 그렇게 생각했다.

화장사에서 사는 스님들은 대부분 의술에 조예가 있었다. 안경창도 불경을 공부하는 틈틈이 의술 공부를 했다.

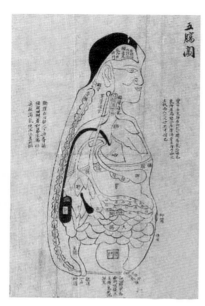

조선의 의원 중에는 돈을 받지 않고 병을 치료하는 의원이 많았다. 그래서 궁색한 살림 속에서도 환자를 위해 최선을 다하는 진정한 의원이었다. 화, 욕심, 재산 세 가지가 없다고 하여 삼빈(三貧)이라고까지 불렸던 안경창은 조선에서 가장 존경받는 의원 중 한 사람이 었다. ㅣ 전유형이 그린 것으로 추정되는 〈오장도〉. 연세대학교 의과대학 동은의학박물관 소장

"네 어찌 이 절에 들어왔느냐?"

하루는 마당을 쓸고 있는데 늙은 스님이 뒤에 와서 물었다.

"의술을 배우러 왔습니다."

안경창이 공손히 대답했다.

"의술은 왜 배우려 하느냐?"

"어머님이 항상 아픕니다. 그래서 어머님의 병환을 고쳐드리고 싶습니다."

"효자로구나."

스님이 인자하게 웃었다.

"나에게 원하는 것이 있느냐?"

"스님의 제자가 되고 싶습니다."

"그렇게 해라."

스님은 뜻밖에 쉽게 허락했다. 그날부터 안경창은 의술을 배우기 시작했다.

스님은 의술보다 학문을 먼저 가르쳤다. 그러다가 훌쩍 떠나서 몇 달 돌아오지 않았다.

'스님은 어디에서 무엇을 하고 계시는 것일까?'

안경창은 스님이 없어도 학문을 열심히 했다.

스님은 나갔다가 돌아오면 며칠씩 코를 골면서 자고는 했다.

"이것을 공부해라."

사흘 밤낮을 자고 일어난 스님이 말했다.

"이것이 무엇입니까?"

"의서다."

안경창이 책을 보자 의원에 대한 책으로 《팔의(八醫)》라고 씌어 있었다. 안경창은 늙은 스님이 준 책을 읽기 시작했다.

> "심의(心醫)는 사람이 항상 마음을 편안하게 가지도록 가르쳐서 병자가 그 마음을 움직이지 말게 하여 위태할 때에도 진실로 큰 해가 없게 하고, 반드시 그 원하는 것을 곡진히 따르는 자이다. 마음이 편안하면 기운이 편안하기 때문이다. 그러나 병자와 더불어 술을 같이 마시고 깨어나지 않은 자가 있다면 이것은 심의가 아니다."

안경창은 〈심의〉편을 읽고 고개를 끄덕거렸다.

> "식의(食醫)라는 것은 입[口]으로 달게 음식을 먹게 하는 것이니, 입이 달면 기운이 편안하고, 입이 쓰면 몸이 괴로워지는 것이다. 음식에도 차고 더운 것이 있어서 처방 치료할 수가 있는데, 어찌 쓰고 시다거나 마른 풀이나 썩은 뿌리라고 핑계하겠는가? 지나치게 먹는 것을 금지하지 않는 자가 있는데, 이것은 식의가 아니다."

병을 치료하는 것은 음식에도 있고 예방이 중요하다는 뜻이었다.

"약의(藥醫)라는 것은 다만 약방문을 따라 약을 쓸 줄만 알고, 비록 위급하고 곤란한 때에 이르러서도 복약(服藥)을 권하기를 그치지 아니하는 자이다."

의원이 약만으로 병을 치료할 수 없다는 뜻이었다.

"혼의(昏醫)라는 것은 위태한 때에 임하여 먼저 당혹하고, 급할 때를 당하여 문득 망연하여 혼혼(昏昏)하기가 실성한 것 같아서 조치할 바를 알지 못하므로, 일을 보더라도 무슨 일인지를 알지 못하고 말을 들어도 무슨 뜻인지를 알지 못하며, 우두커니 앉아서 잠자코 자기가 해야 할 바를 제대로 하지 못하는 자이다."

병자가 위독하면 실력이 없어서 허둥대는 의원을 말한다. 위급한 상황에서도 의원은 침착하게 대응해야 한다는 뜻이다.

"광의(狂醫)라는 것은 자상히 살피지 아니하고, 갑자기 열약(烈藥)과 침폄(針砭) 등을 쓰기를 또한 꺼리지 아니하고, 스스로 말하기를, '나는 귀신을 만나도 공격하여 이길 수 있다'고 하나, 만약 무당의 제사를 만나면 문득 들어가서 술에 취하여 춤을 추는 자이다."

의원의 독선적인 것을 경계하는 말이다.

"망의(妄醫)라는 것은 목숨을 건질 약(藥)이 없거나 혹은 병자와 같이 의논하지 않아야 마땅한데도 가서 참여하기를 마지않는 자이다."

망령 든 것처럼 행동하는 의원이다.

"사의(詐醫)라는 것은 마음으로는 의원이 되려고 하나 의술을 잘못 행하고, 사실 온전히 의술을 알지 못하는 자이다."

의원이 아니라 사기꾼이 되는 것을 경계하는 말이다.

"살의(殺醫)라는 것은 조금 총명한 점이 있어서 스스로 의술이 넉넉하다고 생각하나, 세상의 일을 겪어보지 못하여 인도와 천도에 통달하지 못하며, 병자를 측은하게 여기는 마음도 일찍이 가진 적이 없어서 병을 이기기를 좋아하는 뜻을 굳게 지키면서 동쪽을 가지고 서쪽을 꺾으며, 말을 먼저 하고 난 뒤에야 마음에 구하는데, 구하여도 얻지 못하면 억지로 부회(附會)하지만 그 의리에 합당치 않으니, 어찌 아는 사람에게 부끄럽지 않겠는가? 아직도 미혹한 사람에게는 자랑을 하며, 거만하여 신인(神人)을 소홀히 여기어 종종 직업에 미혹한 짓을 범하니, 지금 당장 나타난 재액(災厄)은 없다고 할지라도 어느 때에 그 행동을 고치겠는가? 이것을 살의라고 하는 것이다. 살의라는 것은 어리석은 사람이 아니라, 스스로를 옳다고 여기고 다른 사람을 그르다고 여기어 능멸하고 거만하게 구는 무리이다. 최하의 쓸모없는 사람이니, 마땅히 자기 한 몸은 죽을지언정 다른 사람은 죽이지 말아야 할 것이다."

안경창은 《팔의》를 읽고 심호흡을 했다.
'의원의 자세를 말하는 책이구나.'
안경창은 팔의를 마음속 깊이 새겼다.

안경창은 스님을 따라 다니면서 의술을 배우기 시작했다.
스님은 병자를 진맥하는 법부터 가르쳤다. 진맥하는 일은 어려웠다. 맥이 뛰는 상태만 가지고 병을 알아야 하니 세심하게 신경을 기울여야 했다. 병자에게 질문도 하고 얼굴빛을 살펴서 증세를 알아낸 뒤에는 거기에 맞게 처방했다.
스님은 자신이 먼저 진맥을 하고 반드시 안경창에게도 진맥하게 했다.
진맥하는 법을 배우는 데만 1년이 넘게 걸리고 병중을 앓아내는 데 수년이 걸렸다.
스님은 안경창에게 약을 쓰는 법과 침을 놓은 법을 가르쳤다.
"스님, 제자에게도 추위를 이기고 더위를 참는 방법을 가르쳐 주십시오."
"그것이 어찌 특별한 방법이 있겠느냐?"
"사람들이 그러는데 스님은 솔잎을 먹어서 추위에도 춥지 않고 더위에도 덥지 않다고 합니다. 솔잎을 먹으면 배고픔과 목마름이 몸에 침노하지 않습니까?"

"소식(素食)을 하는 것이다."

"적게 먹는다는 말씀입니까?"

"적게 먹고 기름진 음식을 먹지 않는 것이다."

"스님께서 외우시는 것이 무슨 경(經)입니까?"

"북두경(北斗經)이다."

"다른 스님도 솔잎을 먹는 자가 많은데 추위와 더위와 기갈(飢渴)을 참는다는 말을 듣지 못했습니다."

"솔잎 외에 다른 소금이나 간장을 먹으면 맑은 정신을 유지할 수가 없다."

"어떻게 하면 정신을 거둘 수가 있습니까?"

"네 가지 근심이 없어야 한다."

안경창은 스님으로부터 그 법을 전해 받아서 사내(四耐)로 호(號)를 삼았다. 네 가지 근심은 화, 욕망, 가난, 추위와 더위였다.

스님은 병자가 있는 곳이면 조선 팔도 어디든지 찾아갔다.

안경창은 스님과 함께 병자를 치료하러 전국을 누비고 다녔다.

스님은 병을 치료해주고 돈을 받지 않았다. 병자의 집에서 주는 밥 한 그릇과 하룻밤의 잠자리로 만족했다. 그래서 그는 언제나 누더기를 입고 가난하게 살았다. 그러다 보니 스님을 따라다니는 안경창도 해지고 남루한 옷을 입고 다닐 수밖에 없었다.

"절을 나온 지 벌써 3년이 되는구나."

하루는 한양이 가까운 남태령에 이르렀을 때 늙은 스님이 아득히 뒤를 돌아보고 말했다. 그날은 남쪽 땅 곳곳을 누비고 다니면서 병자를 치료하고 한양으로 돌아오는 길이었다.

"스님, 이제 설날이 멀지 않았습니다."

"그래. 너는 이제 여주로 들어가거라. 나는 절로 갈 것이다."

여주에는 안경창의 부모가 있었다.

"스님, 제가 스님을 모시고 절로 가겠습니다."

"너는 부모님에게 가거라."

"괜찮습니다. 제자는……."

"이놈아, 부모도 사랑하지 않는 의원이 어찌 병자를 사랑하겠느냐?"

스님이 호통을 쳤다. 안경창은 그때서야 확연하게 깨달았다. 의원은 모든 사람을 사랑해야 한다는 뜻이었다.

의원의 길로 나서다

안경창은 개경에 있는 집으로 돌아와 가족들과 설날을 보내고 어머니의 병을 치료했다.

그가 봄이 되어 화장사로 올라가자 스님은 병자들을 치료하러 떠나고 없었다.

"신승께서 너와 인연이 끝났다고 하산하라고 하셨다."

절에 있는 다른 스님들이 말했다.

안경창은 화장사에서 내려와 다시 집으로 돌아왔다. 그는 의과 공부를 하면서 마을의 병자들을 치료했다.

'우리 스승님의 법호조차 모르는데 내게 큰 가르침을 주셨다.'

안경창은 때때로 병자들을 치료하러 다니는 스님을 머릿속에 떠올렸다.

안경창은 혼례를 올리고 의과 과거 시험을 보았다. 의과에는 모두 7명이 급제를 했는데 안경창은 성적이 가장 우수하여 내의원에서 근무하게 되었다.

내의원에는 태의(太醫) 허준(許浚)을 비롯하여 신의 손이라고 불리는 침의(鍼醫) 허임(許任)까지 쟁쟁한 의원들이 많았다. 안경창은 그들로부터 공손하게 의술을 배웠다.

1608년 선조가 죽고 광해군이 새 임금으로 즉위했다. 허준은 《동의보감》을 집필하다가 의주로 귀양을 가고 여러 의원이 파직되었다. 안경창도 내의원에서 나와 민의를 하게 되었다.

'많은 백성이 굶주리고 있구나.'

안경창은 백성들의 병이 굶주림 때문에 발생한다는 것을 알고 씁쓸했다.

그는 스님이 그랬던 것처럼 병자들에게 치료비를 받지 않았다.

"어찌 이곳까지 왔는가?"

안경창이 유배지를 찾아가자 허준이 반가워하면서 물었다.

"천하의 명산을 찾아다니다가 이곳까지 오게 되었습니다."

허준은 유배지에서도 동의보감을 집필하고 있었다. 허준의 집념을 보고 안경창은 큰 감명을 받았다.

"자네는 백성들에게 치료비를 받지 않고 치료를 한다더군."

"일찍이 스승님께서 욕심을 버리라고 하였습니다."

"나도 하기 어려운 일을 하고 있음이야."

안경창은 여러 달 동안 허준의 시중을 들다가 다시 길을 떠났다.

그는 혜산에 이르러 백두산에 오르고 진귀한 약초들을 캤다. 허름한 안가에 머물면서 병자를 치료하고 약초를 캐서 말린 뒤에 사람을 시켜 한양으로 보냈다.

안경창에게 병을 치료받은 백성들은 기꺼이 약초를 운반해 주었고, 부인에게 편지를 보내 약초를 보관하는 법도 알려주었다.

안경창은 삼수갑산을 거쳐 부령에 이르렀다.

'이곳에 온천이 있구나.'

안경창은 온천물이 개울로 흘러드는 것을 보고 감탄했다. 온천물에 몸을 담그자 몸이 날아갈 것처럼 개운했다.

안경창은 부령에서 여러 달을 지내면서 온천을 하고 약초를 채집했다.

부령에 반위(反胃)를 앓는 부자가 한 사람 있었다. 그는 오래전부터 반위를 앓아 많은 의원을 불러봐도 병이 낫지 않았다. 안경창도 진맥을 하고 처방을 해주었으나 차도가 없었다.

안경창이 며칠 동안 관찰을 하자 그가 항상 화를 내고 있다는 것을 알 수 있었다.

"병이 나으려면 저 산에 매일 같이 올라갔다가 와야 합니다."

"무슨 말이요? 산에 올라갔다가 오라니!"

"선생은 항상 화를 내고 있습니다. 화는 만병의 근원입니다. 일소일소(一笑一笑) 일노일노(一怒一老) 한번 웃으면 한번 젊어지고 한번 노하면 한번 늙는다고 합니다. 저는 호가 사내입니다. 네 가지를 참는다는 뜻인데 화, 욕심, 가난, 추위와 더위입니다."

부자는 처음에는 안경창의 말을 들은 체도 않았으나, 반위가 더욱 아프자 산을 오르기 시작하고 화를 내지 않기 시작했다. 그때서야 안경창은 약을 처방해 주었다.

안경창은 부령을 떠나 금강산을 거쳐 묘향산에 이르렀다. 묘향산에는 시중에서 구할 수 없는 약초가 많았다.

개성에서 박연폭포를 구경하고 한양으로 돌아오자 허준이 유배에서 풀려나 돌아와 있었다.

안경창은 내의원에서 다시 일하게 되었다.

"동부승지 댁에 한 번 다녀오게. 요즘 아들이 안 좋다고 하는군."

허준이 안경창을 죽천 이덕형(竹泉 李德泂)의 집으로 보냈다. 이덕형의 아들은 소아 소갈증을 앓고 있었다.

"내 아들놈을 치료해주어 고맙소."

안경창이 며칠 동안 오가면서 아들의 병을 치료하자 이덕형이 안경창의 집으로 찾아왔다.

"의원이 하는 일입니다."

"조그만 인사라도 하려고 찾아왔소."

"당치 않습니다. 나라에서 녹을 받고 있습니다."

"내가 보니 그대는 너무 빈한하게 사는 것 같소."

이덕형은 안경창이 남루한 초가집에 살고 부인과 아이들이 허름한 옷을 입고 있는 것을 보고 놀랐다. 그러나 부인과 아이들의 얼굴이 밝았다.

한 세상 웃으며 살다

가족 얼굴이 밝은 이유는 안경창이 항상 우스갯소리를 하여 가족들을 웃게 하기 때문이었다. 조정에서 해학을 가장 잘하는 대신은 오성부원군 이항복(李恒福) 대감인데 안경창도 그에 못지않았다.

"재물이 있는 것은 흠이 아니지 않소?"

"저희 스승님은 한평생 솔잎만을 먹고 살았습니다."

"청빈하게 살겠다는 말이군."

이덕형은 차를 마시면서 안경창과 많은 이야기를 나누었다.

안경창의 집에는 변변한 살림살이는 없었으나 책과 약재는 산처럼 쌓여 있었다.

정국은 갑자기 요동을 치기 시작했다. 영창대군 역모 사건이 일어나 조정을 뒤흔들어 동인과 서인이 대거 몰락하고 북인이 정권을 잡았다.

'조정에 피바람이 부는구나.'

안경창은 내의원에서 사직하고 백성들을 치료하기 시작했다. 그러나 상황은 더욱 악화되어 폐모론이 일어나 선비들이 광해군을 비난하기 시작했다. 그것보다 안경창의 가슴을 안타깝게 한 것은 《동의보감》을 지은 허준의 죽음이었다.

'큰 업적을 남겨놓고 죽는구나.'

안경창은 그의 장례에 3일 동안 참석하고 상여가 날 때는 만장(輓章, 죽은 사람을 애도하여 지은 글을 천이나 종이에 적어 깃발처럼 만든 것)을 들고 뒤를 따랐다.

'사람은 누구나 죽는다. 의원은 수명을 늘릴 뿐이야.'

허준의 죽음으로 안경창은 많은 생각을 하게 되었다.

조선은 흉년이 계속되어 많은 병자가 발생하고 있었다. 굶주린 백성들은 질병에 허약했다. 안경창은 백성들이 굶주리지 않아야 병에 걸리지 않는다는 사실을 깨달았다.

인목대비를 폐비하여 서궁에 가두자, 서인들이 반발하여 반정을 일으켰다. 광해군이 쫓겨나고 반정으로 인조가 즉위했다. 한양 장안에는 반정의 살벌함으로 뒤숭숭했고, 권력을 휘두르던 북인들이 줄줄이 끌려와 목이 베어지거나 유배를 떠났다.

조정이 안정되자 안경창은 다시 내의원으로 들어갔다.

"형조판서 민형남(閔馨男)이 신병이 있다고 하니 그를 치료하라."

인조가 안경창에게 영을 내렸다.

민형남은 광해군의 총애를 받았으나 인조반정이 일어나자 모든 관직이 삭직되었다. 그러나 이괄의 난이 일어나서 다시 발탁된 인물이었다.

안경창은 민형남의 병을 치료하여 인조의 두터운 신임을 받았다.

"여역(癘疫)이 발생했습니다."

내의원에 나가자 의관들이 바쁘게 뛰어다니고 있었다.

여역은 몇 년에 한 번씩 발생하여 수많은 목숨을 앗아갔다. 안경창은 황해도로 가서 여역을 치료한 뒤에 여역 치료에 관한 의서를 썼다.

안경창은 말년이 되자 고향 여주로 낙향했다. 그는 병자들을 치료하고 시를 지으면서 시간을 보냈다.

병자를 치료할 때 돈을 받지 않아 궁색했으나 부인도 안경찬의 생각을 기꺼이 받아들이고 있었다.

사람들은 모두 그들에게 세 가지가 없다고 했다. 그것은 화, 욕심, 재산이었다.

'한 세상이 빠르게 흘러갔구나.'

안경창은 때때로 여주 강을 보면서 생각에 잠기고는 했다.

부부가 함께 이고 지고 산골로 들어와	男負妻擕入谷中
살아갈 길은 막막한데 잡담만 주고받네.	生涯落落坐談空
사람들이 우리를 삼빈리라 비웃어도	人皆笑我三貧里
나는 그대를 사내옹이라고 부르려네.	我欲呼君四耐翁

안경창은 어릴 때부터 성품이 강직했다. 그는 옳지 않은 것에는 단호했고 선한 사람이 부르면 천 리도 멀다 하지 않고 달려가서 치료했다고 한다.

2

귀신을 울린
아쟁 소리
장애인 악공, 김운란

조선시대는 큰 재능을 갖고 있어도 널리 알려지지 않은 사람들에
는 천민 외에 장애인도 많았다. 의술이 발달하지 않았던 시대니 작
은 병이나 사고로도 죽거나 장애인이 되는 경우가 많았다.

"참의공(參議公)은 뱃속에서부터 장님이었고, 그 아들 창산군(昌山
君) 및 그의 아들 또한 뱃속에서부터 장님이 되어 3대가 연달아 이
렇게 되었으며, 참으로 천도(天道)는 헤아릴 수 없다."

성현은 《용재총화(慵齋叢話)》에서 장님이 되는 것은 하늘의 뜻이라
고 했다.

조선시대에는 장애인들에 대한 배려는 없었다. 오히려 장애를 갖
고 있다보니 사회적으로 천대받고 조롱당했다.

그러나 그들도 생업에 종사하지 않을 수 없었다.

조선시대 시각장애인들은 점술, 독경, 음악 연주 등을 생업으로 삼았다. 그러나 주된 생업이 점술이었다.

> "판수 김을부(金乙富)라는 사람이 광통교(廣通橋) 가에 살았는데, 점 치는 것을 업으로 삼았다. 사람이 다투어 점을 쳐보면 맞지 않는 것 이 너무 많아 부인들이 모두 말하기를, "광통교 선사는 흉하다고 하 면 길하다" 하였다. 참판 김현보(金賢甫)가 그 아들이 과거를 볼 때, 김현보가 글 지은 것을 보고 말하기를, "너의 문사(文詞)는 너무 속 되어서 선(選)에 들지 못할 것이다" 하였는데, 방이 걸릴 때 그 아들 이 높은 점수로 뽑히었다. 동료들이 웃으면서 말하기를, "광통교 선 사는 흉하다 하면 길하다" 하였다.

《용재총화》에 있는 글로 시각장애인들이 점으로 생업으로 삼았다 는 사실을 알 수가 있다.

많은 야사가 시각장애인을 조롱하는 이야기로 내용이 구성되어 있으나 점술로 벼슬을 한 사람도 눈에 띈다.

지화, 김학루 등은 점을 잘 쳐서 세종의 총애를 받았다.

유운태는 여섯 살에 사기를 읽고 시를 지을 정도로 총명했는데, 일곱 살에 실명했다. 그는 실명한 뒤에도 좌절하지 않고 공부를 계 속하여 열세 살에는 경서를 모두 외우게 되었다.

그는 주역까지 공부하여 훗날 역술의 대가로 명성을 떨쳤다.

하늘에서 들려오는 소리

김운란(金雲蘭)은 성균관 진사시에 급제한 뒤에 대과를 공부하고 있었다. 그 무렵 여역이 창궐하여 전국을 휩쓸었다. 여역은 봄철에 유행하는 전염병으로 온역(瘟疫)으로 불리기도 했다. 한 번 발병하면 수천 명, 수만 명이 죽었다. 증상은 고열이었는데 장티푸스와 유사한 증상을 갖고 있었다.

온역에 걸리면 고열에 시달리고 허리가 아프며 몸이 몹시 뻣뻣해진다. 다리가 오그라들고 정강이가 끊어지는 듯한 통증과 눈앞에 헛것이 보이기도 한다.

여름에 발병하는 것은 조역(燥疫)이라고 부르는데 한기와 열기가 번갈아 일어나고 목구멍이 막히고 목이 쉬는 증상이 나타난다.

가을에 발명하면 한역(寒疫)이라고 부르는데 머리가 무겁고 피부와 살이 뻣뻣하고 목구멍이나 목 곁에 멍울이 생기고, 그 열독이 온몸으로 퍼지는 것을 말한다.

겨울에 발명하면 습역(濕疫)이라고 부르고 기침이 심하고 구역질이 나오거나 몸에 열이 나고 숨이 찬다. 증상이 심하면 대부분 죽는데 한 집안이 몰살되거나 마을 사람 모두 죽는 경우가 허다했다.

김운란은 여역을 앓고 회복되었으나 그 여파로 실명하게 되었다.

그는 갑자기 눈이 보이지 않게 되자 삶의 의욕을 잃었다. 처음에는 밤과 낮도 알 수 없었고 사람도 전혀 알아볼 수 없었다.

'아아, 이렇게 살아서 무엇을 하는가?'

김운란은 책조차 볼 수 없는 현실이 너무도 괴로웠다.

김운란은 대과를 공부하다 여역을 앓아 실명하게 되었다. 그러나 좌절을 겪고 최고 아쟁 연주자가 되었다. 그가 아쟁을 연주하면 귀신도 놀라고 신선들이 몰려왔다고 한다. | 러시아 블라디보스토크에 있는 북한 식당의 벽화 〈선녀도〉. 저자 촬영

그가 실명하자 성균관에서 함께 공부를 하던 친구들도 찾아오지 않았다. 그는 매일 같이 누워 있지 않으면 문설주에 기대어 앉아 있고는 했다.

"하루종일 방에만 있을 것이냐?"

아버지가 기침을 하고 물었다.

"눈이 보이지 않는데 제가 무엇을 할 수 있겠습니까?"

"답답할 텐데 바람이라도 쐬려느냐?"

"아닙니다."

아버지는 때때로 그의 손을 잡고 마을을 한 바퀴 돌았다.

"이번에 여역이 심해 많은 백성이 죽었다. 황 진사네는 노비들까지 모두 죽고……. 일가가 전부 죽어 상례 치를 사람도 없다고 하는구나."

"또 누가 죽었습니까?"

"쇠돌네도 일가가 다 죽었다지. 우리 마을에서만 죽은 사람이 50명이 넘는다."

김운란이 사는 마을은 가호 수가 15호였고 인구는 70여 명밖에 되지 않았으니 절반이 더 죽은 것이었다.

"내 오늘은 김포에 좀 다녀오마."

"김포에는 왜요?"

"김포에 용한 침의(鍼醫)가 있다고 한다."

"한양의 침의도 어렵다고 하는데 시골 침의가 무슨 소용이 있습니까?"

"의술이라는 건 모른다."

아버지는 그의 실명을 치료하기 위해 부단히 노력했다.

그러나 수많은 명의도 그의 눈을 치료하지 못했다.

김운란은 눈이 보이지 않아 비가 오거나 바람이 부는 것이 좋았다. 빗소리를 듣거나 바람 소리를 들어야 살아있는 것처럼 느껴졌다.

"윗마을에 사는 이이(李珥)라는 사람이 또 장원했다네요. 벌써 몇 번째 장원인지 모르겠어요."

아내가 옆에 와서 김운란에게 한숨을 내쉬었다.

"이원수 공의 자제 말이오?"

김운란은 율곡리에 사는 이이에 대해서 알고 있었다. 아버지 이원수는 특별하게 학문이 뛰어나지 않았으나 이이는 학문이 뛰어나 명성이 높았다.

"어머니도 그림을 그렇게 잘 그린대요."

이이의 어머니는 신사임당으로 초충도나 영모도를 잘 그린다고 했다.

김운란은 이이가 과거에 장원했다는 말을 듣자 씁쓸했다. 눈이 안 보여 과거도 볼수없는 자신의 처지가 불쌍해진 것이다.

하루는 방에 앉아 시름없이 빗소리를 듣고 있는데 어디선가 은은하게 아쟁을 연주하는 소리가 들렸다.

'이게 무슨 소리인가?'

김운란은 빗소리 사이로 들리는 그 소리에 자신도 모르게 귀를 기울였다.

'천상의 소리로구나!'

김운란은 아쟁 소리에 감동하여 부인에게 아쟁을 구해달라고 청했다.

"아쟁으로 무엇을 하려 하십니까?"

"나는 세상 만물을 볼 수 없으니 참으로 불행한 사람이오. 내가 한으로 여기는 것이 무엇인지 아오?"

"그야 대과를 보아 벼슬을 하지 못하는 것이 아닙니까?"

"그렇소. 사대부로 이런 참혹한 지경에 이르렀으니 어찌 슬프지 않겠소?"

"말씀은 알아듣겠으나 아쟁을 구해 무엇을 하겠습니까?"

"아쟁을 연주하여 마음을 달래려고 하오."

"눈이 보이지 않는데 어찌 연주를 하겠습니까?"

"부탁이니 구해주기나 하오."

김운란이 간곡하게 청하자 부인은 마지못해 아쟁을 구해 주었다.

김운란은 그때부터 밤이나 낮이나 아쟁을 연습하기 시작했다. 다행히 근처에 아쟁을 연주하는 악공이 있어서 틈틈이 그를 찾아가 연주하는 소리를 듣고 돌아오고는 했다.

가슴에 한을 담은 소리

집에 돌아와서는 손가락에 피가 맺히도록 연습을 했다.

그러나 눈도 보이지 않으면서 아쟁을 연습하는 것은 쉬운 일이 아니었다.

그는 이웃에 사는 악공에게서 혹독한 훈련을 받았다.

"모든 소리가 마찬가지다. 먼저 들을 줄을 알아야 한다."

김운란은 소리를 듣는 훈련에 열중했다. 악보를 볼 수 없었기 때문에 오로지 소리만 듣고 그 소리를 따라 연습했다. 손가락에 물집이 잡히고 피가 나와도 멈추지 않았다. 하루가 지나고 이틀이 지나고 한 달이 지나고 두 달이 지나도 그는 연습을 계속했다. 무엇보다

아내가 그의 아쟁 소리를 좋아해서 다행이었다.

　1년이 지나고 2년이 지나고 3년이 흘러갔다. 그는 이제 아쟁을 자유자재로 연주하게 되었다.

　"손가락에서 나오는 소리야."

　한양에서 온 악공이 김운란의 아쟁 소리를 듣고 잘라 말했다.

　'손가락에서 나오는 소리라고?'

　김운란은 벼락을 맞은 듯한 기분이었다.

　한양에서 온 악공의 평가는 너무나 냉혹했다.

　그는 한동안 아쟁을 손에 잡을 수 없었다.

　'여기서 멈출 수 없다.'

　김운란은 아내에게 부탁하여 아쟁 명인을 찾아다니기 시작했다. 그것은 고단한 일이었지만 아내는 싫다 소리 한 번 하지 않고 그를 데리고 2백 리 3백 리 길을 다녔다.

　길을 가면 장님이라고 멸시하는 사람도 많았다.

　"아침부터 장님을 만나 재수가 없다."

　김운란이 길을 비켜주었는데도 굳이 침을 뱉고 가는 사람도 있었다.

　그는 몇 년 동안 아내에게 의지하여 아쟁의 명인을 찾아다녔다. 그렇게 여러 해가 흐르자 스스로 들어도 어느 정도 만족할 수 있게 되었다.

　"소리를 하는 사람은 득음하기 위해 폭포 앞에서 소리를 하면서 피를 토한다."

그 말을 들은 김운란은 아내에게 폭포로 데려다 달라고 졸랐다.

"내가 몸이 아프니 좀 낫거든 함께 가요."

아내가 기운 없는 목소리로 말했다.

"당신도 내가 장님이라고 무시하는 거요?"

김운란은 버럭 화를 냈다.

"아닙니다. 제가 어찌 서방님을 무시하겠습니까?"

아내는 며칠 후에 송도의 박연폭포로 김운란을 데려다 주었다.

"나는 백일 동안 여기를 떠나지 않을 거요."

"그렇게 하세요. 저는 집으로 돌아갈 테니 득음을 하시게 되면 집에 와서 제일 먼저 소첩에게 들려주세요."

아내는 끼니를 농가에 부탁해 놓았다고 말하고 돌아갔다.

김운란은 폭포 앞에서 아쟁을 연주하기 시작했다. 물소리, 바람 소리, 새소리를 들으면서 아쟁을 연습했으나 득음의 경지에 이를 수 없었다.

그런데 백일이 지나도 아내가 그를 데리러 오지 않았다.

김운란은 여러 날이 지나도 아내가 오지 않자 농가에 부탁하여 집으로 돌아왔다.

'아내가 죽다니!'

김운란이 집에 이르자 아내는 죽은 지 석 달이 되었다고 했다. 김운란은 아내의 무덤을 찾아가서 피눈물을 흘리면서 통곡했다.

"비록 득음은 하지 못했어도 당신이 좋아하는 아쟁 소리를 들려주겠소."

김운란은 울면서 아쟁을 연주했다.

새삼스럽게 아내와 함께 아쟁의 명인을 찾아다니던 일이 떠올랐다.

"당신, 다리 아플 테니 내가 업겠소."

한 번은 김운란이 아내에게 그렇게 말한 일이 있었다.

"눈도 보이지 않는데 어찌 첩을 업습니까?"

"당신이 고생하는 것을 잘 알고 있소. 지난번에는 패물을 팔고 이번에는 머리카락을 팔았다지?"

"아니, 그걸 어찌 아십니까?"

"내가 장님이기는 해도 귀머거리는 아니오. 업히시오."

김운란은 비록 눈이 보이지 않았으나 아내를 업어주기도 했다. 그때 아내가 너무나 기뻐하던 일이 떠올랐다.

내를 건널 때는 아내가 그를 업어주기도 했었다.

"무겁지 않소?"

"무겁지 않아요. 서방님이 이렇게 가벼운 것을 보니 닭이라도 한 마리 고아서 보신을 해야겠어요."

아내의 목소리가 귓전을 쟁쟁하게 울렸다.

아쟁의 명인이 되다

아쟁은 거문고처럼 앞면은 오동나무, 뒷면은 밤나무로 되어 있고 개나리 나무로 만든 활로 문질러 소리를 내는데 음이 깊고 장중했다.

'내 인생은 왜 가혹한가?'

김운란은 많은 생각을 했다.

여러 해가 지났다. 해가 거듭될수록 그의 아쟁 소리는 신묘한 경지를 향해 나아갔다.

김운란은 아쟁을 연주할 때는 혼이 실린 듯했다.

"그대의 아쟁은 어찌 이리 슬프오?"

사람들이 그의 아쟁 소리를 듣고 물었다.

"내 인생이 쓸쓸하고 허망한데 어찌 슬프지 않겠소?"

김운란은 아쟁 연주에 자신의 인생을 담았다.

김운란이 아쟁 연주에 몰두하고 있을 때 허억봉(許億鳳)이라는 사람이 찾아왔다. 허억봉은 피리를 잘 분다는 소문이 있어서 그를 맞아들였다.

"피리 명인을 뵙게 되어 영광입니다."

김운란은 허억봉에게 정중하게 인사했다.

"이렇게 뵙게 되어 기쁩니다. 담 너머에서 아쟁을 들으니 황홀했습니다."

허억봉도 공손하게 인사를 했다.

"혼자 배운 것이라 부끄럽습니다. 귀를 어지럽히지 않았나 모르겠습니다."

"당치 않은 말씀입니다."

"헌데 무슨 일입니까?"

"오늘 화석정(花石亭)에 악인들 몇이 모였는데 폐가 되지 않는다면 선생을 모시고자 합니다."

"나 같이 눈이 보이지 않는 사람이 가서 누가 되지 않겠습니까?"

"아닙니다. 우리는 모두 악(樂)을 하는 사람입니다. 신분을 따지지 않고 권세도 보지 않습니다. 오직 악의 경지만 논할 뿐입니다."

허억봉은 김운란을 나귀에 태워 화석정으로 갔다.

화석정에는 이미 여러 사람이 모여 담소를 나누고 있었다.

"거문고의 박소로(朴召老)요."

"가야금의 이용수(李龍壽)요."

"비파의 이한(李漢)이요."

화석정에는 쟁쟁한 악인들이 모여 있었다.

"상기(上妓) 영주선(瀛洲仙)과 은월(隱月)이에요."

여자들도 있었는데 기생들이었다.

"영주선과 은월은 가객이요."

허억봉이 악인과 가객을 일일이 김운란에게 소개했다.

"소생은 김운란입니다."

김운란은 그들과 일일이 수인사를 나누었다.

정자의 주인은 율곡 이이였으나 한양에 있어서 오지 않았다고 했다.

음식을 먹고 술 한 잔씩을 마신 뒤에 본격적인 연주가 시작되었다.

허억봉의 피리는 심금을 울리는 것 같았고 박소로의 거문고는 장중했다. 아울러 이용수의 가야금은 비장했고, 이한의 비파는 애간

장이 타는 것 같았다. 영주선과 은월의 노래도 이 세상에서 들리는 노래가 아닌 것 같았다.

김운란도 떨리는 손으로 아쟁을 연주했다.

사람들이 모두 손뼉을 치면서 즐거워했다.

'오늘 크게 배웠구나.'

김운란은 당대 최고로 불리는 악인들을 만나면서 새로운 세상에 눈을 뜬 것 같았다.

이후 김운란의 아쟁은 크게 진보했다.

김운란은 악인들과 함께 연회에 불려 다니면서 더욱 명성이 높아졌다.

'내 아들놈입니다. 이놈은 의관입니다."

허억봉은 때때로 자기 아들 허임(許任)을 데리고 왔다. 허억봉은 관노 출신이었으나 피리의 명인으로 명성을 떨쳐 면천되었고 허임은 훗날 조선의 침의 중 최고라는 명성을 얻어 신수(神手)라고 불리기도 했다.

한 번은 집에서 가까운 남산의 한 골짜기에서 아쟁을 연주하게 되었다. 그곳은 누군가의 사당이었다. 김운란이 한창 아쟁을 연주하고 있는데 기이한 소리가 들려왔다. 김운란은 그것도 모르고 연주를 계속하자 갑자기 귀신들이 몰려나와 통곡했다. 김운란은 혼비백산하여 달아났다.

김운란의 아쟁 이야기는 유몽인의 《어우야담(於于野談)》과 성대중의 《청성잡기(靑城雜記)》에 실려 있다.

허균은 그의 계면조에 마치 사람이 말을 하는 듯하여 그것을 듣는 사람들은 모두 눈물을 흘렸다고 기록하고 있다.

율곡 이이는 한때 김운란과 같은 마을에 살았다.

그는 연안부에서 다시 그의 아쟁 소리를 듣고 시 한 편을 지었다.

> 빈 누각에 아쟁 소리 들리니
> 깜짝 놀라 말소리가 끊어졌네.
> 현마다 손을 따라 소리 나는데
> 깊은 시냇물이 흐느끼는 듯하더라

율곡은 젊었을 때 김운란과 같이 공부를 했는데 30년이 지나 우연히 만난 회포를 시를 지어 표현했다. 김운란은 눈이 보이지 않는 시각장애인이었지만 절망하지 않고 아쟁의 명인이 되었다.

3

떠돌이 예술가,
세상을 방랑하다

퉁소 장인, 장천용

조선의 지배층인 사대부의 신분을 제외하고 중인이나 평민들의 삶을 살아가는 사람을 우리는 민초라고 부른다. 민초 중에도 학문이 높고 고금에 다시 없는 예인도 적지 않았지만, 그들에 대한 기록은 거의 찾을 수 없다. 그들은 잡초였기 때문에 오가는 사람들에게 짓밟히고 눈비를 맞으면서 살았다. 그래도 역사의 곳곳에 발자취를 남겼다.

성곽이나 고궁, 시골 관아도 민초에 의해 지어진 것이고 석공(石工), 와장(瓦匠), 목공(木工), 단청장(丹靑匠) 등 그들의 손길과 발길이 닿지 않은 곳이 없다. 그러나 길가의 잡초 같은 인생이었기 때문에 그들의 인생은 남루하고 보잘 것 없었다.

한밤중 통소 소리

다산 정약용(丁若鏞)이 곡산부사에 임명되어 부임했을 때의 일이다. 곡산부 관아 뒤뜰에 작은 연못을 파고 정자에 앉아 책을 보고 있는데 어디선가 아름다운 통소 소리가 들려왔다.

소리는 처음에 멀리서 희미하게 들려왔으나 점점 가까이 들려왔다. 그러나 자세히 듣자 가까이서 들리는 것이 아니었다. 통소를 부는 사람의 기교가 절묘하여 멀리서 들리는 듯 가까이서 들리는 듯 착각을 불러일으킨 것이었다.

'누가 이 밤중에 통소를 부는 것인가?'

정약용은 책을 덮고 통소 소리에 귀를 기울였다. 달은 중천에 휘영청 떠올라 있었고 바람이 검푸른 나뭇잎을 흔들고 있었다. 통소 소리는 끊어질 듯 이어질 듯 멀리서 들리고 있었다.

'진(秦)나라 목공(穆公) 때 소사(簫史)가 통소를 잘 분다고 하더니……'

정약용은 마치 신선이 통소를 부는 것 같다고 생각했다.

소사는 통소를 잘 불어 진목공의 딸 농옥과 함께 하늘로 올라갔다는 인물이다.

며칠 후 정약용이 정자에서 책을 읽고 있는데 또 통소를 부는 소리가 들렸다.

"누가 통소를 부는 것인가?"

정약용은 이방을 불러 물었다.

"통소를 부는 것은 장생(張生)일 것입니다."

이방이 퉁소 소리에 귀를 기울이다가 대답했다.

"장생은 무엇을 하는 사람인가?"

"읍내에 사는 자로 이름은 천용입니다. 퉁소와 거문고에 뛰어난데 관아에는 잘 오지 않으려고 합니다. 퉁소 소리를 듣고 싶으십니까?"

"퉁소 소리가 아름답지 않은가?"

"이졸(吏卒)을 보내 그 집에 가서 데려오라고 하겠습니다.

"평민인가?"

"그렇습니다."

"강제로 데리고 오지 마라. 어찌 사람을 잡아다가 퉁소를 불게 하겠는가? 너는 가서 나의 뜻을 전하기만 하라. 굳이 오지 않겠다면 데리고 오지 마라."

정약용이 이방에게 영을 내렸다. 기인이나 이인(異人)이라면 예의를 갖추어야 한다고 생각했다.

얼마 후에 이방이 돌아왔는데 장천용도 함께 왔다.

'주태백이 따로 없구나.'

정약용은 장천용의 행색을 보고 속으로 혀를 찼다.

장천용은 망건은 벗어 던진 채였고 신발도 신지 않고 남루한 옷에는 띠도 두르지 않아 금방이라도 바지가 흘러내릴 것 같았다. 술에 잔뜩 취해 눈빛이 게슴츠레했다. 손에는 퉁소가 들려 있기는 했으나 흥이 나지 않는지 청해도 불지 않았다.

"술을 더할 텐가?"

정약용은 술을 내오게 하여 그에게 권했다. 그는 사양하지 않고 술을 마셨는데 예의를 잃지는 않았다. 서너 잔을 마시더니 쓰러져 잠이 들었다.

'퉁소 소리를 듣기는커녕 술만 축냈군.'

정약용은 고개를 절레절레 흔들고 이방에게 장천용을 부축하여 데리고 가서 재우게 했다.

"지난밤에 너무 취하여 사또께 송구합니다."

이튿날 아침, 장천용이 자세를 단정하게 하고 인사를 올렸다.

"퉁소를 잘 분다고 하여 불렀네. 괜찮으면 한 곡조 들려주겠나?"

정약용은 부드러운 목소리로 청했다.

"소인은 퉁소를 잘 불지 못하고 그림을 잘 그립니다."

장천용은 퉁소를 불지 않았다. 정약용은 실망했으나 그의 말이 사실일지도 모른다고 생각했다.

"그렇다면 그림을 그려 주게."

정약용은 붓과 그림을 그릴 하얀 비단을 내주었다. 장천용은 당혹스러운 표정을 지었다. 그러나 곧바로 그림을 그리기 시작했다.

장천용이 붓을 잡고 그림을 그리는데 빠르기가 귀신같고 솜씨도 능란하여 탄성이 저절로 흘러나왔다. 산수(山水), 신선(神仙), 호승(胡僧), 괴조(怪鳥), 기화이초와 층층절벽이 순식간에 완성되었다.

'신필이로구나.'

정약용은 무릎을 치면서 감탄했다.

비단을 펼치자 그림이라고 생각되지 않을 정도로 생생하게 살아 있는 것 같았다.

"붓끝이 섬세하고 정교하여 경탄을 금치 못하겠네."

정약용은 그의 솜씨에 감탄하여 무릎을 쳤다.

"사또께서 마음에 드시면 술 한 잔 주십시오."

장천용이 히죽 웃었다. 정약용은 여러 폭의 그림을 그리게 하고 그와 정자에 앉아 술을 마셨다.

그러는 동안, 날이 저물고 밤이 되었다. 달이 떠오르고 취기가 오르자 그가 허리에 차고 있던 퉁소를 꺼내 불기 시작했다.

"참으로 아름다운 소리로다."

정약용은 장천용에게 감탄하지 않을 수 없었다.

세상 밖의 기인 단청장인

장천용이 금세 술에 취했기 때문에 이졸을 불러 집에 데려다주게 하였다. 장천용은 부축을 받아 집으로 돌아갔다.

정약용은 이튿날 정무가 끝이 나자 다시 장천용을 불렀다.

"사또, 장생은 이미 금강산으로 떠났다고 합니다."

이졸이 돌아와서 고했다.

"언제 돌아온다고 하느냐?"

"돌아올 날을 기약하지는 않았고 거문고 하나를 메고 퉁소를 허리에 차고 떠났다고 합니다."

이졸의 말에 정약용은 고개를 끄덕거렸다.

떠돌이 예술가였던 장천용은 그림과 퉁소, 거문고에 능했다. 특히 사찰이나 성문 등의 단청과 탱화에 뛰어난 솜씨를 갖고 있었다. 그는 천재적인 재능은 있어도 시대를 잘못 만나 불운한 삶을 살다 죽었다. 자신을 알아주지 않는 시대 때문에 항상 술에 취해 살았다고 한다.
| 부여 고란사의 단청과 탱화. 저자촬영

"천용은 어떤 사람인가?"

정약용이 장천용에 대해 물었다.

"그의 출생에 대해 아는 사람은 없습니다. 어릴 때 이름을 알 수 없는 화공을 따라다니면서 그림을 배웠는데, 그가 죽자 관아나 절간의 단청을 그리면서 살고 있습니다. 슬하에 자식은 없고 병든 부인이 있을 뿐입니다. 북쪽 성 밑의 움막에서 살고 있습니다."

이방이 장천용에 대해서 이야기를 했다.

"언제나 술에 취해 사는가?"

"술에 취해 살고 있습니다. 술에 취하면 홀연히 집을 떠나 돌아다 닙니다."

정약용은 장천용이 신분이 천하여 부평초 같은 삶을 살고 있다고 생각했다.

비바람 속을 방랑하는 그의 모습을 머릿속에 떠올리자 쓸쓸했다. 그러나 그의 그림 솜씨와 통소 소리는 삼한에서 으뜸일 것이라고 생각했다.

정약용이 장천용에 대해 듣게 된 것은 이듬해의 일이었다. 평산부 에서 관아를 수리하게 되었는데 장천용은 그곳에서 단청을 그리고 있다고 했다.

장천용이 함께 일하는 사람 중에 어머니 상(喪)을 당한 사람이 있어 상복을 입고 지팡이를 짚고 곡을 하는데, 지팡이가 기이했다.

"어찌 상장(喪杖)을 대나무로 쓰는가?"

장천용은 상주에게 다른 지팡이를 구해 주고 그 지팡이를 잘라서 통소를 만들었다. 통소를 입에 대고 불자 그 소리가 맑고 깨끗하여 진귀한 보물이라고 할 만했다.

장천용은 평산부에 있는 태백산성(太白山城)의 성곽에 올라가 통 소를 불기 시작했는데 그 소리가 마치 하늘에서 들려오는 것처럼 아름다웠다.

사람들이 통소 소리를 듣고 하나둘씩 몰려왔다. 희디흰 달빛을 받고 퉁소를 불고 있는 장천용은 이 세상 사람 같지 않았다. 장천용의 퉁소는 그 색깔이 은은하면서도 홍광이 찬란하게 쏟아지는 희세(稀世)의 보물이었다.

장천용이 무산구곡을 퉁소로 불자, 맑고 시원한 한 줄기의 청풍이 불어왔다. 사람들은 오장육부가 깨끗하게 씻겨 내려가는 듯한 청량감이 들었다.

장천용이 무산구곡의 두 번째 곡을 연주하자 사방에서 채운(彩雲)이 몰려왔다. 사람들은 혼이 달아난 듯 넋을 잃고 장천용의 퉁소 소리에 귀를 기울였다.

장천용이 세 번째 곡을 연주하자 어디선가 백학 한 쌍이 날아와 창천에서 춤을 추고, 공작새들이 쌍쌍이 날아오고, 뭇새들이 날아들어 지저귀며 장천용의 아름다운 퉁소 소리에 화답했다.

장천용은 무아지경(無我之境)에 빠져 퉁소를 불고 사람들은 퉁소 소리를 듣고 몸을 떨었다.

꽤 오랜 시간이 흘렀다. 일수유(一須臾, 손가락을 한 번 튕길 정도의 짧은 시간)가 흐른 것 같기도 했고 억겁(億劫, 일겁은 4,200억 년)의 시간이 흐른 것 같기도 했다. 마침내 장천용이 퉁소 연주를 끝냈다. 장천용의 퉁소 소리가 멎자 새들이 일제히 흩어져 날아갔다.

사람들은 여전히 넋을 잃고 장천용에게서 눈을 떼지 않았다. 장천용이 불던 퉁소의 여음이 아직도 귓전을 울리고 있었다.

"장천용의 연주를 직접 들었는가?"

정약용은 장천용의 이야기를 전한 이(李) 진사에게 물었다.

"직접 들었네. 가히 신선의 경지였다네."

이 진사가 고개를 끄덕거렸다.

장천용은 같이 일하는 사람이 술만 마시고 퉁소만 분다고 노여워하자 평산부를 떠났다.

정약용은 곡산부사에서 해임되어 한양으로 돌아왔다. 그 후 몇 달이 지났을 때 정약용에게 장천용이 그림 한 폭을 보내왔다. 가람(岢嵐, 산과 아지랑이)을 그린 산수화였다.

"천용은 아직도 곡산부에 있는가?"

정약용이 그림을 가져온 사내에게 물었다.

"지금쯤 영동으로 갔을 것입니다."

"천용은 누구와 살고 있는가?"

"병든 부인과 살고 있습니다."

"천용의 부인은 어떠한 여자인가?"

"얼굴은 못생겼고 중풍을 앓은 지 오래되어 아무것도 못하고 누워 있습니다."

"바느질이나 밥도 못하는가?"

"못합니다. 오로지 할 줄 아는 것은 천용을 욕하는 것뿐입니다. 그래도 천용이 지극히 사랑하여 사람들이 기이한 일이라고 합니다."

정약용은 그 후 장천용의 소식을 다시 들을 수 없었다.

장천용의 삶은 애틋하다. 길가에 핀 잡초처럼 존재감은 없다. 사랑하는 아내는 병들고, 그림과 퉁소·거문고는 당대에 따를 사람이 없을 정도로 뛰어났으나 그를 알아주는 사람도 없었다. 천재적인 인물로 대우받아야 했지만, 시대를 잘못 만난 불운한 예술가였다.

곡산부사인 정약용이 그를 예술가로 인정했어도 신분 차이 때문에 벽이 있었다. 자신을 알아주지 못하는 시대와 불화하여 술에 취해 살았다. 불행하게도 그의 그림 한 장, 글씨 한 줄 남아 있지 않고 정약용이 쓴 전(傳)만 남아 있다.

장천용은 퉁소를 잘 불고 그림에 뛰어난 솜씨를 갖고 있던 단청장으로 추정된다. 단청은 대궐을 비롯한 관청, 사찰, 성문 등의 추녀 밑에 화려한 원색으로 채색되고는 했다. 그러나 장인이었기 때문에 크게 대우받지 못했고 쟁이에 불과했다. 그는 자신의 불우한 처지를 술로 달래면서 일생을 보냈다.

4
천하를 조롱한
비운의 천재
화가, 임희지

　인간은 누구나 출세를 하고 싶어 하고 명예를 높이고 싶어 한다. 그러나 아무리 노력을 해도 자신의 신분이 하찮아서 출세와 명예를 높일 수 없다는 사실을 알게 되면 절망하게 된다.

　조선의 수많은 중인이나 천민들이 신분제도에 얽매어 탄식하고 고통스러워하면서 일생을 보냈다. 아버지를 아버지라고도 부르지 못하는 기막힌 신분의 벽에서 통곡하는 홍길동처럼 중인이나 천민들은 일생을 비분 속에서 살았다.

　그러나 그들에게도 출세의 욕구와 학문의 욕구가 있었다. 그래서 좌절과 절망에서 일어나 자신의 인생을 개척했다.

　수많은 중인이 학문에 정진하고 예인으로 명성을 떨쳤다. 그러나 신분의 벽을 극복하지 못하고 좌절한 사람들도 적지 않았다. 비록

명성을 얻었다고 해도 가슴 속의 한이나 응어리는 여전히 가슴에
품고 있었다.

희망이 없는 삶

역관이자 화가, 악공으로 조선 후기에 크게 명성을 떨친 임희지
(林熙之)는 중인으로 역관 가문 출신이었다. 그의 가계는 경주 임씨
라는 사실 외에는 기록에 남아 있는 것이 없다.

임희지는 어릴 때 아버지로부터 글을 배웠다. 그는 비교적 빠르게
글을 읽혔으나 학문을 해도 조정에 나가 벼슬을 할 수 없다는 사실
을 알게 되었다.

"우리는 중인 신분이다. 대과를 볼 수 없고 잡과를 보아야 한다.
잡과는 크게 율과, 의과, 역과로 나뉜다. 율과는 율관이 되는 것이고
의과는 의원, 역과는 역관이 되는데 역관은 왜어 역관과 한어 역관
으로 나뉜다. 너는 장차 무엇이 되고 싶으냐?"

"저는 조정에 나가 벼슬을 하고 싶습니다."

"중인 신분이라 안 된다고 하지 않았느냐?"

"신분은 바뀔 수 없는 것입니까?"

"천지가 개벽하기 전에는 안 바뀐다."

임희지는 아버지의 말을 듣고 천길 벼랑으로 굴러떨어지는 듯한
기분을 느꼈다.

"의원이 되면 아픈 사람을 치료할 수 있고 역관이 되면 부자가 될

수 있다."

신분 때문에 대과를 보지 못하고 잡과만 응시할 수 있다는 아버지의 말에 실망했으나 임희지는 사역원 학생이 되어 공부를 하기 시작했다. 그러나 공부가 제대로 되지 않았다.

임희지는 사역원 공부를 하면서 사서오경을 읽고 당송(唐宋) 시집을 읽었다. 오히려 사역원 공부보다 당송의 시를 공부하는 일이 더 마음에 들었다.

하루는 붓을 사기 위해 남산골의 필방(筆房)에 갔을 때였다. 30대의 장년 사내가 붓 장수와 실랑이를 하고 있었다. 임희지는 그들의 실랑이가 끝날 때까지 붓 구경을 했다.

붓 장수는 남산골에서 여러 대를 내려오면서 붓을 만들었다는 장인이었다. 그가 만든 붓은 장안에서 명품으로 팔렸다.

조금 있더니 장년의 사내가 화를 벌컥 내고 나갔다.

"무슨 일입니까?"

임희지가 붓 장수에게 물었다.

"글쎄, 제일 좋은 붓을 열 자루나 가져가면서 이 그림 한 장을 던져 놓고 가네. 내 참 어이가 없어서……."

붓 장수가 그림을 보면서 혀를 찼다. 임희지가 옆에서 보자 〈선면서원아집도扇面西園雅集圖〉라고 씌어 있고 단원(檀園)이라는 낙관이 찍혀 있었다.

"단원이 누구입니까?"

"김홍도(金弘道)라고 도화서 화공이요."

"그림이 좋군요."

"그림을 사겠소?"

"얼마인데요?"

"붓 열 자루 값을 대신 내시오. 이 화가는 도화서에서 나온 붓값을 모두 술 먹어 치웠을 거요."

임희지는 자신도 모르게 그림에 끌려 붓 열 자루값을 내고 샀다.

그가 그림을 가지고 나오는데, 김홍도라는 화가가 헐레벌떡 들어왔다.

"붓값을 가져왔으니 그림을 도로 주시오."

"이미 팔렸소."

"뭐요? 그새 팔렸다는 말이오?"

김홍도가 임희지를 힐끗 쏘아보았다.

"그대가 내 그림을 샀소?"

"예."

"젠장! 산 것을 도로 물려달라고 할 수도 없고!"

김홍도는 어찌할 바를 모르고 우왕좌왕하더니 부리나케 밖으로 나갔다.

'성질이 급한 사람이군.'

임희지는 김홍도의 그림을 가지고 집으로 돌아왔다.

'묘하게 사람을 빨아들이는구나.'

그림을 자세히 살피자 상당히 공을 들여 그린 그림이었다. 게다가 강세황이라는 사람이 쓴 제발(題跋)까지 있었다.

"인간 세상에 청광의 즐거움이 이보다 나은 것이 없다. 아아, 명리의 마당에 휩쓸려 물러갈 줄 모르는 자는 어찌 쉽게 이것을 얻을 수 있겠는가?"

강세황은 송나라 시대 문인들의 풍류를 맑고 깨끗한 기운이라고 표현한 것이다.

임희지는 글을 읽고 다시 그림을 보았다. 비단에 그려진 그림에는 송나라의 문인들이 책을 읽고, 그림을 보고, 대화를 나누는 정겨운 모습이 그려져 있었다.

화폭 위의 세상

임희지는 그림에 빠져들었다.

그는 그림을 오랫동안 들여다보다가 그림을 그리기 시작했다. 처음에는 닥치는 대로 다른 사람의 그림을 모사했다.

그는 침식을 잊을 정도로 그림에 열중했다. 신분 때문에 항상 가슴이 막혀 있던 것 같은 기분이 그림을 그리면서 시원하게 뚫리는 기분이었다. 그러나 혼자서 그림을 그리는 것은 쉬운 일이 아니었다. 수백 장, 수천 장의 그림을 모사하면서 임희지는 그림의 세계에 눈을 뜨기 시작했다.

아버지와 어머니는 그가 그림을 그리는 것에 크게 탓하지 않았다.

'누가 이렇게 생황을 부는 것일까?'

임희지는 이웃에 사는 한 노인이 생황을 부는 것을 알게 되어 생황과 거문고도 배웠다.

필방의 주인하고는 친하게 지냈다. 그를 통해 좋은 붓과 벼루도 구할 수 있었다.

임희지는 혼인했다. 이제는 어른이 되었으나 여전히 사역원 공부보다 그림에 열중했다.

"그림이 도화서 화공에 못지않소."

필방의 주인이 임희지의 그림을 보고 말했다.

"특히 대나무 그림이 좋소."

임희지는 대나무 그림에 뛰어난 감각을 보여주었다.

남산골 필방에서 때때로 만나는 김홍도와는 점점 친하게 지내게 되었고 그와 술을 마시기도 했다. 그의 집을 드나들면서 그림을 보기도 했다.

"이게 송하맹호도(松下猛虎圖)요. 소나무는 강세황 선생이 그렸고 호랑이는 내가 그렸소."

김홍도가 송하맹호도를 보여주면서 말했다. 송하맹호도의 호랑이는 금방이라도 그림 밖으로 튀어나올 것처럼 생생했다.

"언제 죽하맹호도(竹下猛虎圖)를 함께 그릴 수 있었으면 좋겠습니다."

임희지가 김홍도에게 청했다.

"하하. 그게 뭐 어려운 일이겠소?"

김홍도가 호탕하게 웃음을 터트렸다.

하루는 밖으로 나가려고 하는데 대문 앞에 뜻밖에 어머니가 서 있었다.

"오늘도 또 밖에 나가려는 것이냐?"

어머니의 눈가에 서릿발이 서리는 것을 보고 임희지는 당황했다. 몇 년 동안 그가 술을 마시고 돌아다녀도 일절 참견을 하지 않았던 그녀였다.

"잠시 나갔다가 오겠습니다."

"들어오너라."

어머니가 잘라 말했다. 임희지는 쭈뼛거리면서 어머니의 방으로 들어갔다.

어머니가 아랫목에 무릎을 세우고 단정하게 앉아 있었다. 임희지는 어머니 앞에 무릎을 꿇고 앉았다.

"악공에 미쳐 돌아다니고 그림을 배운다고 돌아다닌 지 벌써 몇 해가 되었느냐?"

"송구합니다."

"네가 중인 출신이라 대과를 보지 못한다고 해서 아예 책을 놓았느냐?"

"아닙니다."

"음악을 해도 좋고 그림을 해도 좋다. 무엇을 해도 좋으나 호구책을 마련하고 해라."

어머니의 단호한 말에 임희지는 다시 사역원 공부에 전력을 다하여 역과에 급제했다.

그는 역관이 되어 사역원에서 일하면서 가족을 부양했다.

그는 벼슬이 봉사(奉事, 종8품)에 올랐으나 사역원 일에는 크게 관심을 기울이지 않았다. 그러나 사신을 따라 중국을 오가면서 새로운 문물을 접하고 세상 밖에 세상이 있다는 사실을 알게 되었다.

그는 중인 출신들의 모임인 송석원시사(松石園詩社)에 가입하여 그들과 교분을 나누고 김홍도와 마침내 죽하맹호도를 그리기까지 했다. 그의 그림은 널리 알려졌고 묵죽은 강세황을 능가한다는 말까지 나돌았다.

집이 무너질 것 같아서 허리를 숙이고 들어가자 생황 소리가 운치 있게 들리고 있었다. 조희룡(趙熙龍)이 들어서는 것을 본 임희지가 손을 내저었다. 그가 손을 내젓자 생황을 배우던 여인들이 다소곳이 일어나 물러갔다.

"소인이 방해한 것은 아닙니까? 송구합니다."

조희룡은 임희지에게 목례를 했다. 임희지는 조희룡보다 24년이나 연배가 높았다. 흉금을 털어놓고 지내는 사이기는 하지만 항상 예를 갖추었다.

"이미 방해를 하고 무슨 말인가? 술이 고파서 온 게지."

임희지가 너털거리고 웃었다.

"실은 소생이 요즘 책을 한 권 쓰고 있습니다."

"환쟁이가 책을 쓴다고? 안 하던 짓을 하면 죽는다고 하던데 생뚱맞게 무슨 짓인가? 그래, 무슨 책을 쓰려고 하는데?"

"위항인들의 이야기를 쓰려고 합니다. 비록 중인이나 천민 중에도 기개 있고 훌륭한 인물이 많이 있습니다. 그 사람들도 후세에 이름을 남겨야 하지 않습니까?"

"안 하던 짓을 하면 죽는다니까! 죽기 전에 내 술이나 한 잔 받게."

임희지가 첩을 불러 술상을 들이게 했다.

"술이 있었습니까?"

"내 집에 술 떨어지는 것을 보았나? 돈은 떨어져도 술은 떨어지지 않는다네."

임희지는 말술을 마시는 사람이었다.

첩이 술상을 들여오자 주거니 받거니 마셨다.

"마당이 적막합니다."

"나는 꽃을 기르지 않지만, 저 사람이 이름난 꽃이 아닌가?"

임희지가 한쪽에 앉아서 시중을 드는 첩을 가리키면서 웃었다.

"농을 잘하십니다."

임희지는 키가 팔 척에 이르고 얼굴이 둥그스름하고 눈빛이 형형했다. 벽이 있어서 거문고, 칼, 벼루를 수집했다. 그중에 오래된 옥필가(玉筆架, 붓과 벼루 등을 놓아두는 문갑)는 7천 전을 넘어서 집값의 두 배나 되었다. 거문고와 칼, 거울도 귀중하지 않은 것이 없었다. 그것들만으로도 몇 채의 집을 살 수 있을 정도였다.

"위항인들의 이야기를 쓴다면 내 이야기도 쓸 것인가?"

"어찌 수월도인을 빼놓을 수 있겠습니까? 당연히 으뜸에 놓아야지요."

"부질없는 짓일세. 우리네 인생이 무어라고 생각하는가?"

"중인이나 천민은 잡초 같은 존재가 아닙니까?"

"나도 처음에는 그리 생각했지. 꽃이야 예뻐서 좋아하지만, 길가에 자란 잡초도 다 쓸모가 있는 것일세. 돌멩이 하나도 필요한 곳이 있듯이 나는 잡초가 될 테니 자네는 돌이 되게."

임희지는 술 몇 잔을 마시더니 지필묵을 가져오라고 하여 단숨에 그림 한 폭을 완성했다. 돌에 주름이 잡히고 틈이 생겨 명암이 뚜렷했다.

'과연 조화로운 붓이구나.'

조희룡도 그림으로 일가를 이루었다고 자부하고 있었으나 임희지의 그림은 신필이라는 생각이 들었다.

"이것을 자네에게 주겠네."

임희지가 돌을 그린 그림이 마를 때를 기다려 조희룡에게 건네주었다.

기행과 파행

바람이 불고 비가 내리기 시작했다.

임희지는 조희룡이 돌아간 뒤에 혼자 우두커니 방에 앉아서 비 오는 풍경을 내다보고 있었다.

조희룡은 추사 김정희의 문인으로 매화를 잘 그리는 화가였다. 그가 그린 〈매화서옥도(梅花書屋圖)〉는 눈 내리는 풍경에 매화가 핀 모습이 아름답게 그려져 있다.

중인 출신인 임희지는 역관이자 화가, 악공으로 크게 명성을 떨쳤다. 그는 신분에 연연하지 않고 위항시인들과 교분을 나누며 평생 고고하게 지냈다. 난은 사군자 중에서도 선비들의 고고한 자태를 표현한다.
| 임희지 〈묵란〉, 국립중앙박물관 소장

"나리, 안 주무십니까?"

첩이 사랑으로 건너와서 물었다.

"벌써 밤이 되었는가?"

"등잔불을 밝힌 지 한 시진(時辰)이 되었을 것입니다."

"그런가? 헌데 나처럼 궁벽한 사람에게 일생을 의탁해서 서운하지 않은가?"

"서운할 리가 있습니까? 나리께서 꽃으로 보아주시니 꽃인 듯 살겠습니다."

"너는 나에게 꽃이다."

"또 귀신놀이를 할 생각입니까? 먼저 자겠습니다."

첩이 건넌방으로 갔다.

살림이 궁해지자 첩도 베를 짜서 팔았다. 그래서 베를 짜느라 피곤할 것이라고 생각했다.

임희지는 자장가라도 부르듯이 노래를 부르고 휘파람을 불었다.

'광탄하구나.'

첩은 잠자리에 누워 임희지의 노랫소리를 들으면서 잠을 청했다.

임희지는 첩이 잠이 들자 거위 깃으로 만든 옷을 입고 맨발로 집을 나섰다. 생황을 불면서 십자로 일대를 돌아다녔다. 그는 미친 듯이 경중경중 뛰기도 하고 웃기도 했다.

"저게 뭐야?"

"귀신이다!"

순라를 돌던 포졸들이 기겁을 하여 달아났다. 임희지는 광소를 터트리면서 십자로 주위를 돌아다니다가 집으로 돌아왔다.

'어찌하여 이와 같이 광인 노릇을 하는 것일까?'

첩은 비에 흠뻑 젖어서 돌아온 임희지가 잠이 들자 가슴이 타는 것 같았다.

그녀는 임희지의 옷을 갈아입힌 뒤에 이불을 덮어주었다.

임희지는 중국어 역관이었다.

그는 사역원에서 정8품 봉사를 지낸 뒤 갑자기 그림을 그리기 시작했다. 노래와 거문고를 비롯해 생황에도 능해 한양의 기생들이 따랐다. 또, 호탕하고 용모가 훤칠하여 첩도 마음이 끌렸다. 한량들의 유혹을 뿌리치고 임희지의 여자가 된 것은 그 탓이었다.

'중인이라는 신분이 이토록 가슴 아픈 것인가?'

첩은 임희지의 상처를 어루만지듯이 안아주었다.

임희지는 유람을 하기 위해 떠돌다가 제물포에서 교동을 가게 되었다. 배를 타고 망망대해로 나서자 가슴이 시원하게 뚫리는 것 같았다. 그때 갑자기 검은 구름이 몰려오면서 폭풍우가 몰아치기 시작했다 .

"태풍이다!"

배에 탄 사람들이 놀라서 소리를 지르며 우왕좌왕했다. 산더미 같은 파도가 몰아치고 배가 뒤집힐 듯이 가랑잎처럼 흔들렸다. 사람들이 모두 부처님을 찾으면서 어쩔 줄을 몰랐다.

그때 임희지가 벌떡 일어나서 크게 웃더니 덩실덩실 춤을 추었다.

"폭풍우가 몰아치는데 춤을 춘 까닭이 무엇이오?"

폭풍우가 그치자 사람들이 임희지에게 물었다.

"죽음이야 누구에게나 닥쳐오는 것이지만 바다 한가운데서 비구름이 장중하게 이동하고 산더미 같은 파도가 몰려오는 장관을 어찌 볼 수 있겠소? 이런 장관을 보았으니 어찌 춤을 추지 않으리오."

임희지가 흥분이 가시지 않은 목소리로 대답했다.

임희지는 그림이 워낙 뛰어나고 글재주도 출중하여 역관을 그만둔 뒤에 그림을 주로 그렸다. 또, 그는 천수경이 이끌던 송석원시사의 일원으로 활약하기도 했다. 천수경은 아들들의 이름을 송(松), 석(石), 족(足), 과(過), 하(何)라고 지었는데 옥류천 골짜기의 소나무와 바위 아래 초가집을 짓고 살아 '송'과 '석'은 사는 곳의 이름을 땄고 셋째는 이만하여 만족한다고 하여 '족', 넷째는 과하다고 하여

'과', 다섯째는 어찌하다가 태어났는지 모른다고 '하' 라고 지었다는 것이다.

임희지는 김정희 이전 최고의 화원으로 불렸는데 어찌하여 광인처럼 행동한 것일까. 그가 비록 중인이라고 해도 일가를 이루었기 때문에 신분의 귀천은 중요하지 않았을 것이다. 그는 오히려 조선의 부패, 질병과 흉년으로 죽어가는 백성의 모습에서 절망하고 있었는지 모르는 것이다.

소나무, 대나무, 매화를 함께 그린 그림을 삼우도(三友圖), 또는 삼청도(三淸圖)라고 부르는데 새한삼우(塞寒三友)라고 하여 추운 겨울에도 흔들리지 않는 군자의 품격을 일컫는다.

삼청도는 조선의 많은 화가가 그렸으나 일절로 불리는 것이 수월당(水月堂) 임희지(林熙之)의 삼청도다.

임희지는 이외에 난죽도, 묵란도 등이 전하는데 난죽은 강세황을 능가한다는 평가를 받고 있다.

그는 평생을 고고하게 살았고 중인 출신으로 위항시인들과 교분을 나누었다.

5

꽃처럼 떨어지면
장한 일이 아니겠는가
검무의 달인, 운심

기생의 역사는 연원이 오래되었고, 기록으로만 살펴도 삼국시대까지 거슬러 올라간다.

화랑 이전의 원화가 기생이었다고 《조선해어화사(朝鮮解語花史)》를 쓴 이능화는 주장하고, 《화랑세기》에는 서라벌에 유화(柳花)가 약 1만 명이 있었다고 기록하고 있다.

조선시대에는 관청의 연회에 필요하다고 하여 기생을 두었다. 그래서 이들을 어릴 때부터 가르쳐 금기서화(琴棋書畵)에 능하게 하여 신분은 천민이면서 지식인들과 다를 바 없었다.

기생 중에 시로 명성을 떨친 황진이, 매창 등이 있고 노래로 명성을 떨친 석개, 영주선 등, 검무로 명성을 떨친 운심, 의로운 행동으로 이름이 난 진주 논개, 조선의 부자가 된 만덕 등이 있다.

기생들의 삶은 고달프다. 그들은 14세에서 16세 사이에 남자들에게 순결을 유린당한다. 기생들의 '머리얹어주기'라는 관습을 핑계로 매춘을 하게 되는 것이다. 그 뒤에는 춤과 노래로 남자를 즐겁게 한다. 20여 세가 되면 노기라고 하여 남자들이 멀리하고 30세가 넘으면 퇴기가 된다. 그러나 기생들은 시인으로, 혹은 예인으로 큰 자취를 남기기도 했다.

조선시대에 지방 기생을 향기(鄕妓), 서울 기생을 상기(上妓)라고 불렀다. 금기서화에 능하고 재주가 뛰어나면 서울로 불려 올라와 장악원에 적을 두었다. 그러나 장악원에서 특별히 녹봉을 지급하지 않기 때문에 권문세가의 첩이 되거나 시인 묵객들의 연회에 불려 나가 유흥을 도왔다. 수많은 기생이 밤마다 풍악 속에서 남자들의 품을 전전하지만, 말년에는 버림받고 쓸쓸하게 살았다.

검무의 1인자로 불리던 밀양 기생 운심(雲心)은 출생연도와 가족에 대해서 전혀 알려지지 않았다. 어떤 연유로 기생이 되었는지, 검무를 누구에게 배웠는지도 알 수 없다. 다만, 밀양에 있을 때 하급관리와 애틋한 사랑을 나누었던 것으로 전해지고 있다.

조선의 춤을 이끈 운심

사람들이 다투어 한강에 있는 정자로 몰려가고 있었다. 말을 탄 기생에서부터 붉은 소맷자락을 펄럭이는 우림아, 점잖은 갓을 쓰고 화려한 비단 도포를 입은 양반, 상인, 중인, 심지어 규중 아녀자들까지 쓰개치마를 덮어쓰고 종종걸음을 치고 있었다.

"임금님이라도 행차 하나? 대체 무슨 일이오?"

밭에서 일을 하던 농부가 어리둥절하여 물었다.

"소식도 못 들었소? 그 유명한 운심이 망원정(望遠亭)에서 검무를 춘답니다."

"정말이오? 그럼 나도 가봐야지."

농부가 호미를 팽개치고 사람들을 따라가기 시작했다.

"운심이 쌍봉무를 춘다고?"

밀양에서 한양으로 올라온 선비 신국빈(申國賓)도 그 이야기를 들었다.

그는 북촌으로 가려던 생각을 접고 망원정으로 향했다. 망원정에는 벌써 수천 명의 군중들이 구름처럼 모여 있었다.

"나리!"

그때 누군가 신국빈의 소맷자락을 슬며시 잡아당겼다. 신국빈이 돌아보자 밀양에 있던 관기 수향이었다.

"수향이 아닌가? 한양에서 보니 반갑네."

"연아(煙兒) 낭자가 멀리서 나리를 보고 고향 어른이 오셨다고 가까이 모시라고 했습니다."

연아는 기생 운심의 다른 이름이었다.

"허허. 참으로 고맙네."

신국빈은 수향 덕에 망원정 가까이 가게 되었다. 그곳에는 이미 장안의 풍류객이라고 불리는 영성군 박문수, 풍원군 조현명, 백하 윤순까지 와 있었다.

신국빈이 좌정하자 곧바로 운심의 쌍봉무가 시작되었다.

악공들의 연주가 시작되고 운심과 다른 기녀가 북소리에 맞춰 검무를 추기 시작했다. 좌중은 물을 끼얹은 듯이 조용해져 두 사람의 춤사위에 시선을 바짝 모았다.

윤심이 추는 춤은 달빛이 흐르는 듯이 유연한 춤이었다. 운심이 기녀의 가슴을 향해 칼을 쭉 뻗으면 기녀는 활처럼 허리를 뉘었고 운심의 칼은 기녀의 허리를 안듯이 휙휙 뻗었다.

음악이 격렬해지면 칼로 베고 찌르는 동작도 경쾌했고, 칼을 피하며 허리를 흔드는 동작이 남녀의 사랑처럼 격렬하게 어우러졌다.

좌중에서는 탄식이 절로 흘러나왔다. 아름다운 동작이었다. 비록 검무에 응용한 것이지만 남녀가 사랑할 때의 동작이 유연하게 어우러지고 있었다.

'연아의 춤이 경지에 이르렀구나.'

운심이 무예를 연마했는지 눈이 황홀할 지경이었다. 특히 쌍룡이 승천하는 모습을 응용한 부분은 춤의 절정이었다.

먼저 기녀가 칼을 공중으로 곧추세우고 몸을 회전하면서 솟구치기 시작하자 운심은 따라서 솟구치며 그녀의 허리를 칼로 베는 듯, 혹은 그녀의 가슴과 둔부를 애무하는 듯 혹은 옷을 벗기려는 듯 바짝 달라붙어 검을 휘둘러댔다.

이에 기녀는 앙탈하듯 교태를 부리듯 허리와 둔부를 흔들며 운심의 칼을 막았다. 그리고는 남녀가 마침내 합체(合體)를 이루듯 두 사람이 나란히 칼을 뻗고, 공중회전을 하였다.

이어 회오리바람이 휘몰아치는 듯 그녀의 몸이 회전했는데 눈이 어지러웠다.

운심의 쌍봉무가 끝나자 좌중이 물을 끼얹은 듯이 조용했다.

'참으로 아름답구나.'

신국빈이 감탄하고 있을 때 수향이 다가와서 소맷자락을 잡아당겼다.

"연아 낭자가 집으로 모시라고 했습니다."

신국빈은 운심의 집으로 갔다. 그녀의 집에는 장안의 명사들이 비단이며 진귀한 물건을 잔뜩 실어 보내고 있었다. 그녀의 명성이 이미 장안을 흔들고 있었다.

장안을 뒤흔든 미인

신국빈은 운심을 기다리기 지루하여 시를 한 편 지었다.

스무 살에 연아가 장안에 들어가니	煙兒二十入長安
가을 연꽃처럼 춤을 추자 만 개의 눈이 얼어붙었네.	一舞秋蓮萬目寒
들으니 청루에 말들이 몰려들어	見說靑樓簇鞍馬
오릉의 소년들 한가할 틈이 없다네.	五陵年少不曾閒

운심은 날이 어두워져서야 돌아왔다.

"어르신, 오래 기다리셨지요?"

운심이 신국빈에게 절을 하고 물었다.

"괜찮다. 기다리기 지루하여 시를 한 편 지었다."

신국빈은 검무를 보고 지은 시를 운심에게 보여주었다.

"참 좋은 시입니다. 한 편만 더 지어주세요."

신국빈은 즉석에서 다시 시를 지었다.

호남 상인의 모시는 눈처럼 새하얗고	湖商苧布白如雪
송도 객주의 비단은 값이 얼마인가.	松客雲羅直幾金
취하여 주어도 아깝지 않은 것은	醉與纏頭也不惜
운심의 검무와 옥랑의 거문고라네.	雲心劍舞玉娘琴

운심은 신국빈을 극진하게 대접했다.

신국빈은 밀양의 유명한 선비여서 부사의 연회에 자주 초청을 받았고 운심은 관기였기 때문에 자주 그의 시중을 들고는 했다. 그래서 밀양강에 있는 반계정에서 손사익(孫思翼), 안인일(安仁一), 남경의(南景義) 등 밀양 명사와 시를 지을 때도 따라와서 시중을 들었었다.

신국빈이 운심을 처음 본 것은 그녀가 여덟 살 때였고 '연아'라는 이름으로 불리고 있었다. 그녀가 밀양을 떠난 것은 스무 살 때였는데, 신국빈은 몇 년 전에 한양에 올라와 벼슬길을 알아보고 있어서 소식을 알지 못했다.

"밀양에 있을 때는 검무를 배우지 않았던 것 같은데 언제 배운 것인가?"

"어르신께서 밀양을 떠난 뒤에 배웠습니다."

"선생은 누구인가?"

"이인(異人)입니다.

"이인이라……."

신국빈은 가만히 고개를 끄덕거렸다.

운심도 아련한 회상에 잠겼다.

그것은 운심이 여덟 살로 밀양의 관기로 있을 때였다. 어린 나이였으나 기생이 되기 위해 금기서화를 배우고 있었다.

하루는 잠이 오지 않아 관아의 뒤뜰을 걷는데 어디선가 이상한 소리가 들렸다. 운심은 사방을 휘둘러보았다.

달이 휘영청 밝은 밤이었다. 대나무가 울창하게 자란 숲에 달빛이 하얗게 비치고 흰옷을 입은 사내가 너울너울 춤을 추고 있었다. 자세히 보자 춤을 추는 것이 아니라 칼을 들고 검술을 연마하고 있었다. 그는 대나무와 대나무 사이를 한 마리 새처럼 날면서 밤이 늦게까지 검술을 연마했다.

"우리 객사에 손님이 있습니까?"

이튿날 아침 운심은 행수기생에게 물었다.

"사인(士人)이 한 사람 있다."

"뭐 하는 사람입니까?"

"뭐 하는지는 모르겠고 천하 명산을 찾아다니면서 무예를 연마한다고 하는구나."

"무인입니까?"

"통제사 대감의 아들이라고 하는구나."

그의 이름이 이수량(李遂良)이라는 것은 나중에야 알게 되었다.

그날 밤도 운심은 이수량이 검술을 연마하는 것을 훔쳐보았고 이튿날도 훔쳐보았다. 매일 같이 이상한 기운에 휩싸여 대나무 숲으로 갔다.

스무날이 지났을 때는 비가 오는 것도 모르고 그가 검술을 연마하는 것을 훔쳐보았다.

"하하. 꼬마 낭자가 잠을 자지 않고 무엇을 하느냐?"

그때 낭랑한 웃음소리와 함께 그가 운심 앞에 날아 내렸다.

"소녀도 검술을 배우고 싶습니다."

운심은 당황하여 그렇게 대답했다.

"여자라도 호신으로 검술을 배우는 것은 나쁘지 않겠지."

이수량이 생각에 잠겨 있다가 대나무 가지 하나를 꺾어서 내밀었다.

"모든 무예는 세(勢)로 이루어진다. 보세, 공세, 수세 그리고 약세(躍勢)다. 그러니 보세부터 연마하자."

이수량은 부드럽게 보세를 가르쳐주었다. 이어 공세와 수세를 가르쳐주고 백일이 되기 전에 홀연히 떠났다. 운심은 그가 떠난 뒤에 검술 연마를 하다가 그것을 춤으로 만들었다. 그와 함께 검술 연마하던 일을 아련하게 떠올리면서 춤으로 승화시켜 나갔다.

운심은 검무에서 아름다운 사랑과 격정을 토했다. 그녀가 연회에서 검무를 추자 밀양의 사람들은 넋을 잃었다. 그녀에 대한 소문이 순식간에 영남 일대에 파다하게 퍼져 상기로 뽑혀 한양으로 올라오게 되었다.

가슴에 품은 사랑

운심은 한양에서 일약 유명해졌다. 조현명, 박문수 등 당대의 풍류객들과 어울려 그녀의 명성이 더욱 높아졌다.

그녀는 평양에서 후배 기생들에게 검무를 가르친 뒤에 서체가 뛰어난 백하(白下) 윤순(尹淳)의 소실이 되었다. 윤순은 판서와 대제학을 지낸 인물이었다.

한때 운심은 윤순과 가까이 지내면서 그의 글씨 한 폭을 받아서 보물로 간직하려고 했다.

"과연 네 춤이 절묘하구나."

윤순은 운심이 검무를 출 때마다 기뻐했다.

"첩의 검무가 마음에 드십니까?"

"마음에 들고 말고. 이런 검무를 어디서 다시 볼 수 있겠느냐?"

"그러면 첩에게 글씨 한 폭을 써주십시오."

"내 언젠가 써주도록 하마."

윤순은 글씨를 써주겠다고 했으나 좀처럼 글씨를 써주지 않았다.

어느 가을날이었다. 산과 들에 단풍이 곱게 물들었는데 비가 청승 맞게 내리고 있었다. 윤순은 사랑에 앉아서 비가 내리는 뜰을 무연히 내다보고 있었다.

운심은 때를 놓치지 않고 술상을 차려 권주가까지 부르면서 아양을 떨었다. 윤순은 기분 좋게 술을 마시면서 붓과 벼루를 힐끔거리며 재빨리 비단 치마를 벗어 윤순의 앞에 펼쳤다.

"대감, 대감께서 지난 날의 약조를 잊지 않으셨겠지요?"

운심이 입언저리에 미소를 매달고 눈웃음을 치자 윤순이 비로소 도연명(陶淵明)의 귀거래사(歸去來辭)를 일필휘지로 썼다.

돌아가리라.	歸去來兮
전원(田園)이 장차 거칠어져 가는데	田園將蕪
어찌 돌아가지 않겠는가.	胡不歸
이미 스스로 마음을 육체에 부림 받게 하였으나	旣自以心爲形役
어찌 근심하며 홀로 슬퍼만 하겠는가.	奚惆悵而獨悲

도연명의 시도 훌륭하지만, 윤순의 글씨도 신묘하여 아름다웠다.

"이건 네가 깊이 간직하고, 사람들에게 내가 글을 써주었다고 하지 마라."

윤순은 운심에게 당부했다.

그러나 술에 취해 조현명에게 발설하는 바람에 그에게 빼앗기고 말았다.

'야속한 양반! 글을 빼앗아 가다니!'

운심은 조현명이 서운했다.

꽃은 아무리 아름다워도 열흘 이상 붉게 피지 않는다.

기생은 젊었을 때부터 남자들을 즐겁게 하려고 춤과 노래를 배운다. 조선시대 어떤 기생도 한 남자만을 사랑하고 한 남자의 사랑을 받지는 않았다. 조선시대 제일의 기생이라는 황진이도 수많은 남자 품을 전전했다.

운심은 서예가로 명성을 떨친 윤순과 한때 함께 살았다.

박문수와 조현명은 풍류객으로 유명한 인물들이어서 박지원(朴趾源)의 〈광문자전(廣文者傳)〉에도 등장한다. 풍류객인 그들이 장안의 명성 높은 기생 운심을 그냥 두지는 않았을 것이다.

이수량은 통제사를 지낸 이성뢰의 아들로, 숙종 때 무과에 급제한 뒤에 덕원 부사, 삼화 부사 평안도 절도사를 지냈다.

이수량은 영조 4년 이인좌의 난이 일어나자 병조판서 오명항을 따라 종군했다.

"이수량은 창을 비껴들고 말을 달려 몸소 사졸(士卒)들의 앞장을 서서 진위에서 적장 김성옥의 목을 베었으니 그 공이 큽니다."

오명항이 영조에게 아뢰었다. 영조가 즉시 그를 회령 부사에 임명했다. 그러나 그는 회령 부사로 부임하지 않았다.

"이수량은 무예가 뛰어나니 선봉에서 역도들을 토벌하게 하소서."

오명항이 다시 아뢰었다. 영조가 유임을 시키자 안성 청룡산에서 박종원의 목을 베고 설동린을 사로잡은 뒤에 죽산에서 이인좌를 생포하는 대공을 세웠다. 영조는 이수량을 3등 공신에 임명하고 완춘군(完春君)에 책봉했다. 이후 이수량은 포도대장, 평안도 절도사, 삼군수군통제사를 역임했다.

운심의 검무가 유명해지자 장안의 한량들이 몰려들었다. 하루는 우림아를 비롯하여 장안의 왈짜들이 운심을 불렀다. 운심은 기루에 모안 한량들을 보고 기분이 좋지 않았다. 그때 허름한 옷차림의 광문이 들어왔다. 운심은 그때서야 기분이 풀어져 광문과 즐겁게 이야기를 나누고 검무를 추었다.

열흘 붉은 꽃

이수량이 운심을 만난 것은 병조판서 때 이인좌의 난을 진압하여 우의정까지 오른 오명항의 초대로 기린각이라는 기루에 갔을 때였다. 기린각은 기루 중에서 명성이 높아 박문수나 조현명이 자주 찾았다.

"대감을 여기서 뵈올 줄은 몰랐습니다."

오명항과의 술자리가 끝나자 운심이 다른 방으로 청하여 눈물을 흘리면서 절을 올렸다.

"울지 마라. 내 마음이 편치 않다."

이수량도 가슴이 타는 것 같은 감회를 느꼈다.

"대감 소식은 귀동냥으로 듣고 있었습니다. 기별을 하고 싶었으나 전도에 누가 될까 봐 못했습니다."

"밀양 기생 운심의 검무가 장안 제일이라는 말은 나도 듣고 있었다. 운심이 그 꼬마 낭자 연아인 줄은 몰랐구나."

"연아는 아명입니다."

이수량과 운심은 술잔을 주고받았다. 당대 제일의 검객인 이수량과 춤꾼 운심이 수십 년 만에 만나 회포를 풀고 있었다. 운심의 잔에는 눈물이 반이요, 술이 반이었다.

"소인이 그때 보세, 공세, 수세는 배웠으나 약세는 배우지 못했습니다. 약세를 가르쳐 주시겠습니까?"

검무의 일인자로 불리던 밀양 기생 운심의 명성은 조선 팔도를 뒤흔들었다. 관서지방의 이름 난 기생들은 모두 운심에게 검무를 배웠으며, 운심이 죽은 후 검무는 더 크게 유행했다고 한다. 그림 속에서 검무 추는 사람들의 모습이 보인다. | 김홍도 〈평양감사향연도〉 부분도. 국립중앙박물관 소장

"약세는 경공술이라고 하는데 나도 아직 터득하지 못했구나."

"그럼 소인과 함께 연마하시겠습니까?"

"그러자꾸나. 십수 년 만에 만났는데 같이 무엇인들 못 하겠느냐?"

이수량은 운심과 함께 인왕산 골짜기로 갔다. 골짜기에는 달빛이 하얗게 쏟아지고 있었다.

하늘에는 푸른 광망이 가득했다. 추석 한가위를 지나고 또다시 맞

이하는 보름달이었다. 달빛은 희다 못해 푸른 빛을 띠고 있었다.

어느 골짜기에서인지 여우 우는 소리가 음산하게 들렸다. 이수량과 운심은 검을 일직선으로 뻗고 미동도 하지 않고 있었다. 벌써 한 시간 째 허공의 일점만 노려보고 있었다. 운심은 천천히 무념 무아 상태에 빠지고 있었다. 시간이 흐를수록 아무것도 들리지 않고 아무것도 눈에 보이지 않았다.

무(無).

그녀의 앞에는 아무것도 없었다. 그녀도 존재하지 않았다. 그녀는 숲 속의 바람이고 초목이었다. 그녀는 자연과 하나가 되어 있었다.

어느 순간 두 사람의 검이 소리 없이 앞으로 나아갔다. 이수량의 검이 빛살처럼 빠르게 움직였다. 그녀의 몸도 빛살처럼 빠르게 움직였다. 검신일치(檢身一致). 검과 몸이 하나가 되어 허공으로 솟아올랐다.

"비(飛)!"

검과 몸이 허공으로 날았다. 이수량은 몸이 먼지처럼 가볍다고 생각했다.

"쾌(快)!"

검과 몸이 허공으로 날아올라 서로의 요해 24처를 순식간에 찌르고 베었다.

"유(柔)!"

검과 몸이 바람처럼 부드러워졌다. 이수량과 운심의 검과 몸이 달

190

빛과 어우러지고 춤을 추는 것처럼 하늘거렸다.

"예(세)!"

검이 허공에서 원을 그렸다. 그러자 천지사방이 백광으로 뒤덮이고 싸늘한 냉기가 엄습해 왔다. 허공은 순식간에 수십, 수백 조각씩 베어졌다.

"파(破)!"

검과 몸이 용소로 떨어졌다. 천지를 가르는 듯한 무시무시한 위력이 물결을 향해 내리쳤다. 물결이 일제히 갈라지고 검과 몸이 보이지 않았다. 물결도 수십 개로 갈라지고 물방울이 사방으로 튀어 올랐다. 검과 몸이 허공으로 솟아올랐다. 마치 용이 승천을 하듯이 그녀의 몸이 팽그르 회전을 하면서 까마득한 반공으로 날았다.

'약세를 깨달았구나.'

운심은 옷자락을 표표히 날리면서 땅으로 떨어졌다.

가을이 깊어 온 산이 붉은 비단을 펼쳐놓은 것 같았고 초목들 사이에 산국화가 무더기무더기 피어 청신한 향기를 뿜고 있었다.

운심은 평안도 절도사가 된 이수량을 따라 평안도로 갔다. 그들은 몇 년 동안 무예를 함께 연마하고 함께 검무를 추었다. 이수량은 평안도 절도사를 마치자 병이 들어 한양에 있는 본가로 돌아갔다.

운심은 평안도에 남아 관서지방에서 기생들에게 검무를 가르쳤다. 관서지방의 이름 난 기생들은 모두 그녀에게 검무를 배웠다.

하루는 길주 목사와 평안도 절도사를 지낸 이은춘이 자신의 아버지가 사랑하던 기생이라고 하여 운심을 영변의 동대로 불렀다. 이 은춘은 이수량의 아들이었다.

'내 이제 늙었는데 지난날을 돌아보니 뜬구름 같구나.'

운심은 자신의 인생을 되돌아보고 허망했다.

"후세에 밀양 기생 운심이 즐거움을 이기지 못해 뛰어내렸다고 하면 장한 일이 아니겠는가?"

운심은 치마를 뒤집어쓰고 꽃처럼 뛰어내리려고 했다. 사람들이 깜짝 놀라 그녀를 만류했다.

운심은 검무로 영·정조시대를 풍미했던 기생으로, 수많은 풍류남아들로부터 갈채를 받고 사랑을 받았다. 그러나 세월이 흘러 백발이 되자 인생이 부평초 같다는 사실을 깨달은 것이다.

운심은 관서지방에서 많은 후배에게 검무를 가르치다 늙어서는 고향 밀양으로 돌아왔다. 그녀는 고향에서도 후배들을 양성했고 죽을 때가 되자 한양을 오가는 길옆에 묻어달라고 유언을 했다. 어쩌면 한양에서 죽은 이수량에 대한 그리움이 그런 유언을 남기게 했는지도 모른다.

사람들은 그녀의 유언에 따라 길가에 묻어주었다.

운심이 죽은 후 검무는 조선에서 더욱 크게 유행했다. 박제가와 박지원을 비롯하여 당대의 문사들이 그녀의 검무를 칭송했고 관서지방에서 검무를 추는 기생 대부분이 그녀의 제자였다고 한다.

6
바람에 날리는
잡초 같은 인생
가야금의 장인, 이원영

　조선시대에 풍류객이라는 남자들이 있다. 이 남자들은 평생을 기루에서 술과 여자들, 음악과 춤에 파묻혀 비단 금침에서 지내다가 재산을 탕진하고 늙고 병이 든 뒤에야 고향으로 돌아온다.

　풍류객으로 화려한 일생을 보낸 인물로는 부호 심용(沈鏞)과 금사 이원영(琴師 李元永)을 꼽을 수 있다.

　심용은 한때 현감을 지냈으나 벼슬을 그만둔 뒤에는 가객 이세춘, 금객 김철석, 기생 계섬, 추월 등 당대의 예인들과 어울려 음악과 춤에 파묻혀 살았다.

　나라에서 가장 화려한 잔치로 알려진 평안감사 연회마저 팽개치고 기생들이 따라다녔을 정도로 명성이 높았던 심용은 장안의 한량들이 부러워했던 인물이었다.

금사 이원영(李元永)은 거문고 하나로 한세상을 풍미했다. 그의 주위에는 꽃같은 기생들이 구름처럼 몰려들었고 비단과 돈이 발밑에 가득 쌓였다. 그러나 열흘 붉은 꽃은 없다. 화려했던 젊은 날이 가자 몸은 병들고 머리는 백발이 되었다. 그는 자신의 일생이 잡초 같다고 탄식했다.

떠도는 부평초

바람이 일 때마다 샛노란 은행잎이 우수수 떨어진다.

어둑어둑 저녁 어스름이 내리는 궁벽한 시골 마을이다. 퇴락한 초가가 옹기종기 모여 있는 마을과 조금 떨어진 산골짜기 옥계(玉溪) 옆에 네 기둥만 남아 있다고 해도 틀린 말이 아닌 초가를 본 운양(雲養) 김윤식(金允植)은 저절로 얼굴이 찌푸려졌다.

천하제일의 이원영.

'화려한 명성을 떨치던 이원영의 집이 저렇게 남루했는가.'

며칠 전 그는 처음으로 이원영을 보았다. 그가 건릉 능참봉이 되어 숙직하고 있을 때였다. 무료하여 늙은 관노에게 뭐 좋은 일이 없느냐고 물었다.

"나리, 음악이라도 들으시겠습니까?"

"음악? 여기에 음악을 하는 사람이 있는가?"

"아닙니다. 저희가 하는 게 아니라 마을에 거문고를 잘 타는 노인

금사 이원영은 거문고 하나로 부와 명성을 쌓고 수많은 여인의 심금을 울렸으나 말년에는 빈한해져 수원에 낙향하여 빈곤하게 살았다. 김윤식은 젊었을 때 정조와 효의왕후, 사도세자의 능인 융릉과 건릉을 지키는 능참봉을 지냈다. 이때 이원영을 만나 그의 파란만장한 이야기를 기록으로 남겼다. | 수원 화성 융릉. 저자 촬영

이 있습니다.”

“그래. 그럼 한 번 불러보게.”

김윤식은 시골 마을의 노인이 거문고를 얼마나 잘 타랴 싶었다.

얼마 후 노인은 지팡이를 짚고 하인은 거문고를 들고 직재소에 나타났다.

그는 앞이 보이지 않는지 지팡이로 땅을 더듬고 있었다. 키가 크고 머리가 백발이어서 신선과 같은 풍모였다.

하인들에게 노인을 부축하게 한 뒤에 계단을 올라 당에 앉게 했다.

'노인에게 범상치 않은 기운이 있구나.'

김윤식은 자신이 누구인지 소개하고 방안에 어떠어떠한 사람이 앉아 있다고 말해주었다.

"젊은 분이 예의가 바르시군요."

노인이 입언저리에 잔잔하게 미소를 떠올렸다.

"본관은 전주 이씨로 이름은 원영이고 자는 군보라고 합니다."

"그럼 금사 이원영 공이라는 말씀입니까?

"아직도 저 같은 사람을 기억하는 사람이 있습니까?"

"하하! 그게 무슨 말씀입니까? 저는 선생께서 이미 딴 세상에 계신 것으로 알았습니다."

"몇 해 전부터 수원부 송산촌에서 살고 있습니다."

김윤식은 이원영과 많은 이야기를 나누었다. 이내 이원영이 시를 읊으면서 거문고를 연주하기 시작했다

이 몸이 어떤 몸인가	此身何身兮
동궁을 가까이에서 모신 몸일세.	昵侍靑宮
이 거문고가 어떤 거문고인가	此琴何琴兮
동룡을 즐겁게 한 거문고일세.	得娛銅龍
세월은 머물지 않아	年華不留兮
이 몸 떠도는 쑥이 되었네.	身如飄蓬
거문고여 거문고여	琴兮琴兮
누가 알리오 너의 곤궁함을	誰知汝窮

이원영이 연주하는 거문고 소리는 마치 이 세상 소리가 아닌 듯 아름다웠다. 음이 상음에서 우음으로 바뀌자 소리가 처량하고 애달파 좌중에 앉아 있는 사람들이 모두 눈물을 흘렸다.

'이원영은 집에 있겠지?'

김윤식은 송산촌의 초라한 초가를 보면서 쓸쓸했다.

한때 장안을 주름잡은 이원영이라고 해도 쇠락하는 것은 당연한 일이다.

"이 누추한 곳에 어찌 오셨습니까?"

이원영이 놀라서 황급히 맞이했다.

"선생의 말씀을 듣고 기록으로 남기기 위해 전(傳)을 지으려고 왔습니다."

"잡초 같은 인생을 어찌 글로 남기십니까?"

"아무리 잡초처럼 살았다고 해도 후인들이 잊지 말아야 할 것이 있는 법입니다."

김윤식은 그날 이원영에게서 그의 지나온 삶을 자세하게 들을 수 있었다.

동궁전의 거문고 소리

이원영은 일곱 살 때부터 거문고를 배웠는데 배우는 속도가 빨라서 가르치는 사람을 놀라게 했다 .

"나는 더 가르칠 것이 없으나 액정서(掖庭署)에 들어가라."

거문고를 가르치던 스승이 말했다. 그래서 이원영은 열 살이 되자 액정서에 들어가 거문고를 배우기 시작했다.

"어머머, 어쩌면 저렇게 잘 생겼니?"

"하늘에서 내려온 귀공자 같아."

이원영이 액정서에 들어가자 노래와 춤, 악기를 배우던 여자 아생(兒生)들이 발칵 뒤집혔다.

아생들은 다투어 이원영에게 눈웃음을 치고 곁눈질을 했다. 그러나 이원영은 오로지 거문고를 배우는 일에만 열중했다.

"어려서 여자를 몰라 금을 배우는 일에만 전력을 다했습니다."

열일곱 살이 되자 액정서의 고인들과 어깨를 나란히 하게 되었다.

이원영은 권세가들과 부호들의 연회에 불려 다니게 되었다. 한 번 불려 가면 많은 돈과 비단이 들어왔다.

그러던 어느 날 이원영은 예쁜 기생 금란의 초대를 받았다. 그녀의 집에 가서 술을 마시고 거문고를 연주한 뒤에 함께 잤다.

처음으로 여자를 품은 이원영은 황홀했다. 그날부터 이원영은 여자들의 치마 폭에 파묻혀 살았다. 수많은 여자와 방탕한 생활을 하면서도 거문고 연주는 계속했다.

"이원영의 거문고가 장안 최고라면서?"

"한 번 연주하면 돈이 다발로 쌓이고 비단이 수레로 들어온대."

장안의 한량들이 모두 이원영을 부러워했다.

"이원영이 그렇게 귀공자라면서? 그와 하룻밤을 같이 잘 수만 있다면 죽어도 좋겠네."

기생들도 이원영을 우러러보았다.

어느 날 이원영은 대리청정을 하던 효명세자의 부름을 받았다.

"그대가 거문고의 명인이라는 이원영인가?"

"황공하옵니다. 소인이 이원영이옵니다."

"금을 연주해 보라."

이원영은 떨리는 손으로 세자 앞에서 연주했다. 효명세자는 눈을 지그시 감고 듣고 있었다.

"과연 신인의 솜씨로다. 대궐에 머물면서 금을 들려주게."

이원영은 대궐에 머물면서 금을 연주했다.

효명세자가 거처하는 창덕궁 동궁전에는 때때로 박규수가 찾아왔다. 박규수는 학문이 뛰어나 효명세자가 그의 사저를 찾아가 우정을 나눌 정도였다.

효명세자는 시를 잘 짓고 학문도 높았다. 그가 보위에 올랐다면 제2의 정조가 되어 개혁 군주가 되었을 것이라는 평가를 받았으나 불과 19세에 요절했다. 그러나 음악적 재능도 뛰어나 정재무(呈才舞)를 창작하는 등 궁중음악 발전에도 기여했다.

효명세자가 요절하자 이원영은 장안의 청루로 돌아왔다. 누구보다도 그를 환영한 것은 꽃다운 기생들이었다.

권세가들이 연회를 할 때는 반드시 이원영을 초청했는데 비단과 돈을 수레 가득히 실어왔다.

그는 혼인을 했어도 집안을 돌보지 않고 돈을 물 쓰듯이 뿌렸다. 봄가을에는 평양이나 묘향산 등 산수 좋은 곳을 유람했다.

"여자들이야 헤아릴 수없이 많았지요. 계섬, 추월, 모란, 은개, 연심……."

그러나 이원영도 세월이 흐르는 것을 비껴갈 수 없었다. 이원영은 나아가 들자 창의문 밖 인왕산 자락에 아담한 집을 짓고 일계산방(一溪山房)이라고 편액을 달고 후학을 가르쳤다.

그에게 거문고를 배운 사람들이 모두 거문고의 명인이 되었다.

술과 여자에 파묻혀 살던 이원영은 돈과 재물을 방탕하게 썼기 때문에 빈한해졌다. 게다가 나이가 들자 눈까지 침침해져 사물이 흐릿해져 잘 보이지 않았다.

그는 수원부에 있는 송산촌 골짜기로 늙은 아내와 함께 낙향했다.

"여기에 내려온 지 어느덧 12년이 되었습니다."

이원영의 늙은 눈에 눈물이 맺혔다.

이원영은 늙어서 폐인이나 다를 바 없었다.

그는 젊었을 때 장안의 유명한 기생들과 꿈같은 날을 보내면서 집안을 돌보지 않았다. 그동안 부인이 온갖 고생을 하면서 집안을 꾸렸으나 그녀도 늙어서 등이 구부러져 있었다. 돈과 재물을 보고 따라다닌 기생들은 모두 떠났으나 부인만은 원망하지 않고 함께 살았다.

노인의 집은 네 벽만 있고 오로지 거문고 하나만 있었다. 그러나 깊은 가을밤 오동잎이 우수수 떨어지는 소리를 들으면서 이원영이 거문고를 연주할 때는 마치 신선이 내려와서 연주하는 것 같았다.

성종은 지혜로운 군주여서 효양뿐 아니라 그녀의 일가족 모두를 속
공하게 하여 사노에서 관노로 만들었다. 이는 포학한 유효손에게서 학
대를 받지 않게는 했으나 여전히 노비라는 것을 인정한 것이다. 그래
서 유효손에게는 어떠한 처벌도 내리지 않았다.

　사헌부 관리들 뿐 아니라 형조에서도 속공은 불가하다고 여러 차례
아뢰었다. 효양 사건이 자신들이 거느리고 있는 노비들에게도 영향을
미칠까 봐 두려워 한 것이다.

　조선의 지배층인 양반들에게 노비는 인간이 아니었다.

4장

조선 여인의
비참과 한,
하늘이라고 알까

1

조선 평민 여자로 사는
신산스러움
선산 여인, 향랑

    조선 평민 여자들의 삶은 어땠을까. 몇몇 사대부나 문인들의 기록에 의하면 여성들이 나름대로 남자와 동등한 권리를 누리고 있었으나, 조선 전체를 살폈을 때는 여성들이 핍박받고 억압받으며 살았다고 할 수 있을 것이다.

    삼종지도(三從之道), 일부종사(一夫從事)와 같은 말이 모두 남자를 위해 희생을 강요하는 말이고 열녀(烈女)니 절부(節婦)니 하는 말도 사실상 여자들을 억압하는 말이다. 심지어 여성들이 개가(改嫁)하면 자녀안(恣女案)에 기록하여 자식이 과거를 볼 때 불이익을 주거나 과거를 볼 수 없게 만들기도 했다.

    사대부와 선비들은 결혼하고도 첩을 두었다. 첩도 여럿을 두어야 권세와 남자의 능력을 상징하는 시대였다. 그래서 심지어 사대부는 일처사첩(一妻四妾)을 거느리기까지 했다. 양갓집 딸이라고 하여 양첩(良妾), 기생첩이라고 하여 기첩(妓妾), 노비첩이라고 하여 비첩(婢妾), 꽃 같은 첩이라고 하여 화첩(花妾)을 두었다.

조선 평민 여성들은 개가가 자유로웠지만, 평민 신분이라 가난한 삶을 살아야 했다. 어릴 때부터 부모를 따라 농사를 짓거나 허드렛일을 해야했고, 시집을 간 뒤에는 시부모와 남편을 받들면서 온갖 궂은일을 다해야 했다. 조선의 평민 여성들은 노예와 같은 삶을 살고 있었다.

계모에게 학대받는 소녀

조선의 평균 인구는 700만 명이 못되었고 평균 수명은 20세가 되지 못했다. 이는 전염병 등으로 영유아 사망률이 높고 잘 먹지를 못해 질병에 취약했기 때문이다. 또, 시골의 평민 아이들은 신발을 신지 않는 경우가 대부분이었고 겨울에야 짚신을 신었다. 평민들의 삶은 누더기에 맨발 그리고 허기진 얼굴이 전부였다.

조선시대에는 과부나 홀아비가 많았다. 홀아비들은 재산의 유무에 따라 새로 장가를 들어 부인을 맞아들이는데 계모와 전처의 자식 사이의 갈등이 심했다.

계모는 으레 전처의 자식들을 학대하여 이에 대한 많은 전설이나 민담이 전해져 내려온다.

향랑(香娘)은 숙종 때 경상도 선산(善山) 상형곡에서 박자신(朴自新)

의 딸로 태어났다. 일찍 어머니를 여의고 계모 슬하에서 자랐다.

계모는 성품이 악독하여 향랑을 모질게 학대했다. 걸핏하면 욕설을 퍼붓거나 매질을 했다.

"이년아, 일은 안 하고 밥만 처먹어?"

계모는 향랑에게 밥조차 주지 않고 학대했다.

"아니, 설거지도 안 해 놓고 어디를 갔다가 오는 거야?"

하루는 밭에 나가 일을 하고 돌아오자 계모가 눈을 치뜨고 소리를 질렀다. 향랑은 일을 하러 나갈 때 설거지를 다하고 나갔지만, 계모가 또다시 설거짓거리를 만들어낸 것이다.

"어머니, 저는 설거지를 하고 나갔어요."

"그럼 저 부엌에 가득 쌓여 있는 설거짓거리는 무엇이냐?"

계모가 독기를 뿜으면서 앙칼지게 내뱉었다. 향랑은 독기를 뿜는 계모의 눈을 보자 가슴이 철렁했다.

"그건 제가 일하러 간 뒤에 다시 생긴 건데요?"

"이년이 어디서 거짓말을 해? 내가 계모라고 업신여기는 거냐? 밖에서 일한다고 내 흉이나 보고 돌아다니지?"

계모가 향랑의 뺨을 후려쳤다.

"아니에요. 그런 일 없어요."

"죽은 네 어미가 그렇게 가르쳤어?"

계모는 향랑의 머리채를 잡아 흔들고 발로 복부를 내질렀다. 향랑은 너무나 억울했으나 항변할 수 없었다. 계모가 한참 욕설을 퍼붓고 매질을 한 뒤에 부엌에서 나가자 눈물이 왈칵 쏟아졌다.

'어머니, 나는 이제 어떻게 해야합니까?'

향랑은 집에서 쫓겨나면 산에 올라가 마을을 내려다보면서 일찍 죽은 생모를 그리워했다. 계모에게 혼나지 않기 위해 나무도 하고 하루종일 밭에서 일했다.

"계모가 의붓자식을 지독하게 학대하는구나."

향랑이 눈보라가 몰아치는 겨울에도 산으로 나무를 하러 가자 마을 사람들이 혀를 찼다.

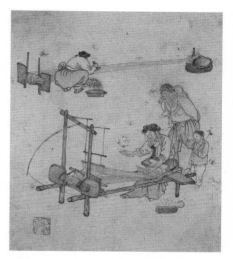

어릴 때는 부모를 도와 집안일을 거들고, 시집가서는 길쌈이나 밭일을 하면서도 남자들에게 학대를 받는 조선 여인들. 이 여인들의 삶은 너무 고되어 차라리 죽음을 택하는 사람도 많았다.
| 김홍도 풍속화 〈길쌈〉. 국립중앙박물관 소장

학대받는 조선 여인들

조선의 평범한 여인들은 주로 남편과 시어머니에게 학대를 받았다. 남편이나 시어머니는 여인과 수평적 관계가 아니라 절대적인 존재였기 때문에 여인은 이들에게 저항할 수 없었다.

조선의 재판기록인 《심리록(審理錄)》이나 살인사건 사례집인 《흠흠신서(欽欽新書)》를 보면 사소한 일로 남편에게 맞아 죽은 여인도 적지 않다.

어떤 여인은 남편이 술에 취해 발길질을 하여 숨이 끊어졌고, 어떤 여인은 밥을 늦게 했다고 맞아 죽었고, 어떤 여인은 시어머니에게 대들었다고 남편에게 맞아 죽었다. 비록 죽지는 않아도 평생 남편의 술주정을 당하면서 맞고 사는 여인도 많았고 걸핏하면 부인을 매질하는 남자도 있었다. 심지어 북어와 마누라는 두들겨 패야 부드러워진다는 속담까지 존재했다.

향랑은 17세가 되자 이웃 마을에 사는 임칠봉(林七逢)이라는 남자에게 시집을 갔다. 임칠봉은 그녀보다 세 살이나 적었으나 성질이 매우 포악했다.

그는 혼례를 올리고 얼마 되지 않아 향랑을 구박하기 시작하여 향랑의 눈에서는 눈물이 마를 날이 없었다.

'시집오기 전에는 계모에게 구박받고 시집을 온 뒤에는 신랑에게 구박을 받으니 산에 핀 꽃보다도 못하구나.'

향랑은 자신의 신세가 너무나 처량했다. 산에 나무를 하러 왔다가 호젓이 피어 있는 꽃을 보자 저절로 눈물이 흘러내렸다.

"전생에 무슨 죄를 지어 저 고생을 하누?"

마을 사람들이 향랑이 학대받는 것을 보고 안타까워했다.

향랑은 배를 주리면서도 밭에서 열심히 일했다. 그러나 남편 임칠봉은 그녀가 일을 하지 않는다고 때리고 밥을 늦게 차린다고 때렸다.

"이년이 뭘 하고 있어? 신랑이 들어오면 밥부터 차려야 할 거 아니야?"

임칠봉의 폭력은 날이 갈수록 심해졌다. 밥상을 뒤집어엎고 그녀에게 마구 발길질을 했다.

"이놈아, 이게 무슨 짓이냐?"

시부모가 임칠봉을 야단쳤다.

"나는 이년이 꼴 보기 싫어요. 이년을 친정으로 쫓아버릴 거예요."

"그만해라. 그러다가 사람 잡겠다."

"이년은 죽어도 상관이 없어요."

임칠봉은 더욱 화가 나서 향랑에게 폭력을 휘둘렀다. 향랑은 이유 없이 피투성이가 되도록 얻어맞았다.

"저놈 성질이 풀어질 때까지 친정에 가 있어라."

시어머니가 마지못해 향랑을 친정으로 보냈다.

향랑은 어쩔 수 없이 친정으로 돌아왔다.

"한 번 시집을 갔으면 그 집 귀신이 되어야지 왜 돌아와?"

친정에서는 계모가 향랑을 구박했다.

"어머니, 신랑 때문에 잠시 피해 있는 거예요. 며칠만 있게 해주세요."

향랑은 계모에게 애원했다.

"출가외인이라는 말도 모르느냐? 소박맞고 쫓겨 왔다는 소문이 나면 집안 망신이니 썩 나가거라."

"어머니!"

"나가지 않으면 때려서라도 쫓아낼 것이다!"

계모는 밥도 주지 않고 향랑을 쫓아냈다. 향랑은 집을 나오자 갈 곳이 없었다.

'아아, 나는 어디로 가야 한다는 말인가?'

향랑은 친정집을 나와 정처 없이 걸었다.

'하늘은 높고 땅은 넓은데 내 한 몸 갈 곳이 없구나.'

향랑은 자신의 신세가 한없이 처량했다. 마침 논에서 일하고 돌아오는 숙부를 만날 수 있었다.

"쯧쯧. 고약한 계모를 만나 고생하다가 어렵사리 시집을 갔더니 신랑 놈이 개차반이네. 네 팔자도 사납구나."

향랑의 숙부가 혀를 찼다.

향랑은 숙부 집으로 갔다. 숙부댁의 사람들이 향랑의 이야기를 듣고 분개했다.

"그러지 말고 차라리 임가(林哥)와 이혼하고 개가를 하거라. 원, 그렇게 맞고 어떻게 살아?"

숙모가 향랑에게 권했다.

"여자가 어떻게 두 번 시집을 가요?"

향랑은 숙모의 제안을 거절했다.

"그럼 사나운 임가 놈한테 맞아 죽을 거냐?"

"그래도 다시 시가로 들어가야지요."

향랑은 숙부 집에서 밥을 얻어 먹으면서 며칠 동안 쉬었다. 그러나 숙부 집도 형편이 넉넉하지 않았고 언제까지나 머물러 있을 수 없었다. 향랑은 시집으로 돌아갔다.

"아니, 이년이 왜 또 온 거야?"

임칠봉은 또다시 향랑에게 폭력을 휘둘렀다. 향랑은 임칠봉의 발길에 얻어맞고 데굴데굴 굴렀다.

"저놈이 도저히 너 하고 못 살겠다고 하니 친정으로 가거라."

시아버지가 향랑에게 말했다.

"저는 임 씨댁 사람인데 어디를 가라는 말씀입니까?"

"혼인을 파할 테니 친정에 가 있다가 개가를 하거라."

"싫습니다. 아버님께서 집 뒤에 움막을 지어주시면 그곳에서 거처하겠습니다."

향랑이 사정을 했으나 시아버지는 청을 들어주지 않았다. 임칠봉의 폭력은 더욱 심해졌다.

'아아, 나는 어떻게 해야 한다는 말인가?'

향랑은 집을 나와 정처 없이 걷기 시작했다. 사람들에게 매 맞은 모습을 보이지 않으려고 마을을 피해 산으로 올라갔다.

산에서는 마을이 한눈에 내려다보였으나 갈 곳이 없었다. 미친개처럼 사나운 신랑이 있는 시가로 갈 수도 없고, 표독한 계모가 있는 친정으로 갈 수도 없었다. 숙부 집에 가는 것도 자신이 너무나 초라했다.

산유화로 핀 꽃

향랑은 산에서 돌아다녔다. 솔잎을 뜯어먹고 칡뿌리를 캐 먹었다. 그렇게 돌아다니다가 고려 왕실의 충신 길재(吉再)의 비석 지주중류비(砥柱中流碑) 앞에 이르렀다. 류운룡(柳雲龍)이 인동(仁同)부사로 있을 때 길재의 무덤을 돌보고 비석을 세운 뒤에 동생인 서애 류성룡에게 시를 쓰게 하여 더욱 유명해진 비석이었다.

황량한 언덕에 한 줌의 흙이여	一抔兮荒原
충신의 무덤이로다.	維先生之藏
돌을 깎아 비석을 세움이여	貋石兮鐫辭
만년을 두고 빛을 밝힘이네.	垂萬載兮耿光
충성을 다하고 효도를 행하였으니	課忠兮責孝
우리에게 주신 은혜 끝이 없어라	惠我人兮無疆

서애 류성룡이 쓴 시의 일부다.

이 시는 선산의 상형곡 마을 사람들은 누구나 알고 있는 시였다.

향랑은 충신의 비석 앞에서 밤을 새웠다.

이튿날 날이 밝았다. 비가 부슬부슬 내려 산에서 내려갈 수 없었다. 빗속에서 몸을 떨다가 낮을 보내자 밤이 왔다. 밤에는 비가 그쳤으나 추위가 엄습해 왔다. 향랑은 추위에 몸을 떨면서 밤을 새웠다.

'나는 이제 살 희망이 없구나.'

이튿날 해가 떠오르자 산에 앉아서 이런저런 생각을 하니 눈물이 쉬지 않고 흘러내렸다.

'이렇게 살 바에야 차라리 죽자.'

향랑은 산다는 것이 고통스러웠다.

향랑이 죽음을 생각하고 있을 때 한 소녀가 나무를 하러 올라왔다.

"너는 몇 살이냐?"

향랑이 초녀(樵女, 나무하는 소녀)에게 물었다.

"열두 살입니다."

"열두 살인데 나무를 하러 산에 올라왔구나. 네 신세가 내 신세와 비슷하구나."

"언니도 나무를 하러 올라왔어요?"

초녀가 향랑에게 물었다.

"아니다. 나는 어릴 때는 계모에게 학대를 받으며 자랐고 시집을 간 뒤에는 신랑에게 매를 맞으면서 살았다. 이제는 더 이상 살 수가 없어서 죽으려고 한다."

향랑은 초녀에게 계모와 신랑에게 구박받은 이야기를 자세하게 했다.

"내가 너를 만나 다행이구나. 네가 남자였다면 남녀가 유별하여 말을 전할 수가 없을 것이고, 여자라도 나이가 많으면 내가 죽지 못하게 말렸을 것이다. 너는 열두 살밖에 안 되었으니 나를 말릴 수가 없고 총명하니 내 말을 아버지에게 전할 수 있을 것이다."

향랑이 차분하게 말을 하자 초녀가 모두 알아들었다.

"무서워요."

"무서워하지 마라. 내가 너에게 산유화 노래를 가르쳐 줄 테니 나무를 하러 올 때마다 불러라. 내가 너의 노래를 들을 것이다. 지주중류비 앞에 파도가 높이 일면 나의 넋이 온 줄 알거라."

"알겠어요, 언니."

"내가 죽은 뒤 너는 내 이야기를 사람들에게 전해주었으면 좋겠구나. 내가 강물에 몸을 던져 죽고 시체가 떠오르지 않으면 사람들이 내가 개가한 것으로 생각할 것이다. 내가 어찌 그러한 말을 듣겠는가? 나는 죽어서 내 친어머니에게 달려가 내 억울한 죽음을 하소연하고 돌아오는 데 14일이 걸릴 것이다."

"제가 어떻게 해야 돼요?"

향랑은 친정아버지에게 보내달라며 자신의 옷가지와 신발을 주고 초녀에게 노래를 가르치기 시작했다.

어이하여 하늘은 이리 높고도 멀고
땅은 또 어이하여 이다지 넓고도 아득한가.
하늘과 땅이 높고 넓은데
내 한몸 의탁할 곳 없구나.
차라리 강물에 몸을 던져
물고기 뱃속에 장사 지내리.

향랑은 노래를 마치자 치마를 뒤집어쓰고 낙동강 푸른 물에 뛰어들었다. 초녀가 깜짝 놀라 강물을 보았다. 향랑은 이미 물속으로 뛰어서 보이지 않았다

초녀는 황급히 향랑의 친정집으로 달려가 알렸다.

"우, 우리 딸이 투신을 한 곳이 어디냐?"

향랑의 친정아버지 박자신은 초녀를 따라 산으로 올라갔다. 그곳은 고려의 충신 야은 길재를 기리는 지주중류비를 세운 곳이었다.

박자신이 달려갔을 때 향랑의 시신은 떠오르지 않았다. 향랑의 시신은 15일 만에 강물에 떠올라 사람들을 슬프게 했다.

박자신은 딸의 시신을 거두어 염을 하고 매장했다.

향랑이 소녀에게 가르쳐 준 노래는 '산유화가'라는 제목으로 널리 불렸다.

선산부사 조구상이 향랑의 슬픈 이야기를 듣고 전(傳)을 기록한 뒤에 정문(旌門)을 세워주었다.

향랑은 죽은 후에야 머물 곳이 생기고 비석까지 얻었다.

향랑의 이야기를 통해서 우리는 조선 여인의 애틋하고 신산한 삶을 엿볼 수 있다.

어릴 때는 계모에게 구박받고 커서는 신랑에게 무자비한 학대를 당한 향랑. 하늘과 땅이 크고 넓은데 의탁할 곳 하나 없다는 그녀의 절규가 눈물겹다.

중국의 가장 존경받는 지도자 손문(孫文)도 열세 살이 될 때까지 신발을 신지 못했다. 혁명가인 그의 꿈은 중국 어린이들이 모두 신발을 신는 것이라고 말한 적이 있었다.

중국이나 조선이나 민중들의 삶은 크게 다르지 않았다. 조선시대 여인들은 어릴 때 신발조차 신지 못했다. 특히 여자들은 어른이 된 뒤에 시집을 가면 아이를 낳고 빨래를 하고 밭일도 해야했다. 남편이 술주정을 하여 포학해도 학대를 참으면서 평생을 곤궁하게 살다가 죽었다.

민중의 삶은 향랑이 말한, 산에 피어 있는 꽃보다 못한 잡초 같은 삶이다.

2
관노보다 더 비참한
삶을 산
여종, 효양

조선시대 천민으로 산다는 것은 고통스러운 일이고, 더더욱 여종으로 산다는 것은 짐승으로 살아가는 것이나 다를 바 없었다.

종들은 주인의 소유물이라서 매매를 하거나 사사로이 벌을 내리기도 했다. 그래서 종은 주인이 이유 없이 형벌을 내리거나 팔아도 항변할 수가 없었다.

심지어 종은 주인을 고발할 수도 없었다. 여종은 주인에게 겁탈을 당하기도 하고 아이를 낳으면 종모법(從母法)에 따라 아이도 종이 되었다. 다른 집 사내종과 혼인을 하여 아이를 낳아도 역시 어미인 여자 종을 따라 종이 되었다.

남편이 있는 여자 종이라도 주인은 함부로 겁탈하고 사통했다. 사통을 거절하다가 매를 맞아 죽는 일도 허다하게 벌어졌다. 여종이 종살이의 고통을 견디지 못하고 도망을 치면 추쇄꾼에게 잡혀 가혹한 고문을 당했다. 매를 맞고 얼굴에 노(奴)라고 자자(刺字)를 당하기도 했다.

세종 때 문장가로 유명한 권채(權採)도 자신의 여종에게 가혹한 짓을 하여 '문장은 아름다우나 사람은 아름답지 못하다'는 평가를 받기도 했다.

성종 때 유효손(柳孝孫)이라는 자가 여종 효양(孝養)에게 저지른 짓도 참혹하기 짝이 없다.

여종이 흘린 눈물

유효손의 집에는 횃불이 환하게 켜져 있었다. 효양은 머리를 잔뜩 숙인 채 눈을 감았다. 주인 유효손이 무시무시한 벌을 내릴 것이라는 생각을 하자 눈앞이 캄캄했다. 여종 주제에 주인에게 반항했으니 결코 그냥 두지 않을 것이다.

유효손의 다른 여종들은 불안한 표정으로 웅성거리고 있었다. 그녀들도 유효손의 강퍅한 성품을 잘 알고 있었기 때문에 얼굴도 들지 못하고 있었다.

"이년! 네년이 감히 도망을 칠 수 있을 줄 알았더냐?"

유효손이 펄펄 뛰면서 효양을 발길로 내질렀다.

그의 무지막지한 발이 효양의 얼굴에 꽂혔다. 효양은 얼굴이 부서지는 것처럼 고통스러웠다.

"악!"

효양은 짧게 비명을 지르고 나뒹굴었다. 그녀의 입에서 피가 왈칵 쏟아졌다. 효양은 마당에 쓰러진 채 남편 합이(合伊)를 힐끗 쳐다보았다. 합이는 큰 눈을 끔벅거리면서 어쩔 줄을 모르고 있었다. 그도 종이기 때문에 감히 주인인 유효손에게 저항하지 못하고 있었다.

"도망을 친 종년이 어떤 벌을 받는지 잘 봐둬라."

유효손이 종들을 향해 눈알을 부라렸다. 효양은 소매로 입가의 피를 닦으면서 일어나 무릎을 꿇고 앉았다. 그때 유효손이 마당 한쪽에 있는 장작더미에서 몽둥이를 들고 왔다. 효양은 소름이 끼치는 것을 느꼈다.

"주인님, 용서해 주세요."

효양은 가슴이 철렁했다.

그의 눈에서 무서운 살기가 뿜어졌다.

"네년이 상전의 명을 거역하면 어찌 되는지 똑똑히 보여줄 것이다."

유효손이 몽둥이로 효양의 등을 후려쳤다.

"아악!"

효양은 등이 부서지는 것 같았다. 유효손은 효양을 마구 때리기 시작했다. 효양은 데굴데굴 구르면서 처절하게 비명을 질렀다. 몽둥이가 지나가는 곳마다 불이 일어나는 것 같고 뼈가 부서지고 떨어져 나가는 것 같았다.

효양은 너무나 고통스러워 턱이 덜덜 떨렸다.

"이년을 엎드리게 하라."

유효손이 사내종들에게 명을 내렸다. 그러자 사내종들이 우르르 달려들어 그녀를 엎드리게 했다.

"팔이나 다리가 부러지면 일을 못 하니……."

유효손이 낄낄대고 웃으면서 몽둥이로 효양의 엉덩이를 때렸다.

"아구구."

효양은 짐승처럼 비명을 질렀다.

"이년! 몽둥이맛이 어떠냐?"

유효손은 희롱을 하듯이 효양의 엉덩이를 몽둥이로 마구 때렸다.

'주인 나리가 너무 사나워.'

종들은 유효손이 문산군(文山君) 유하(柳河)의 첩 자식이기 때문에 벼슬에 나가지 못해 성질이 포학하게 변한 것이라고 생각했다.

문산군 유하는 어릴 때부터 무예를 배워 내금위가 되었고, 수양대군이 김종서를 몰아내는 계유정난 때 공을 세워 정난공신이 되었다. 수양대군이 단종을 몰아내고 세조로 즉위하자 문산군에 봉해졌다. 그는 정난공신이 되면서 많은 재물과 첩을 소유하게 되었고 유효손은 첩의 소생인 것이다.

"나리, 고정하십시오."

"나리, 한번만 용서해 주십시오."

나이 먹은 종들이 유효손에게 사정했다.

"시끄럽다! 내가 오늘 이년의 버릇을 고쳐줄 것이다!"

유효손은 종들의 만류도 듣지 않았다. 유효손은 효양에게 사정없이 몽둥이를 휘두르면서 욕설을 퍼부었다.

유효손이 몽둥이를 계속 휘두르자 효양은 피투성이가 되어 고통스러워하다가 혼절했다.

"이 계집을 광에 가두고 물 한 모금 주지 마라. 내 명을 거역하는 놈은 살려두지 않을 것이다."

유효손의 말에 종들이 벌벌 떨었다.

효양은 어두운 광에 갇혔다.

'악마 같은 놈!'

효양은 정신이 돌아오자 이를 갈았다.

'아아! 나는 왜 노비로 태어났는가?'

효양이 유효손에게 도망치려고 한 것은 그가 그녀를 강제로 겁탈하려고 했기 때문이었다.

그녀는 노비였지만 합이와 혼인을 하여 부부로 살고 있었다. 혼인한 지 얼마 되지도 않았는데 유효손에게 몸을 버릴 수 없었다.

효양은 유효손에게 몽둥이로 맞아 온몸이 쑤시고 아팠다. 그러나 격렬한 통증이 엄습해 올 때마다 끙끙거리고 신음을 토하면서도 노비로 태어난 자신의 비참한 삶을 한탄했다.

어릴 때부터 한 번도 맛있는 음식을 먹어 본 일이 없고, 좋은 옷을 입어 본 일도 없었다. 낮이나 밤이나 오로지 일을 해야 했고 주인의 명에 복종해야 했다. 그렇게 종으로 살다가 같은 종인 합이와 혼례를 올렸다.

그녀의 가족들 모두 유효손의 노비였다. 삼촌을 비롯하여 어머니와 언니들, 사촌들도 노비로 서러운 삶을 살고 있었다.

조선시대 노비들은 주인에게 가혹하게 학대를 받았다. 노비들은 주인의 소유물에 속했기 때문에 주인이 이유 없이 학대하거나 사고팔아도 어찌할 수 없었다. 그런데도 주인을 위하여 목숨을 바친 노비들도 있었다. 왼쪽은 경상북도 영천에 있는 열녀 박소사의 열녀각이고 오른쪽은 주인을 위하여 목숨을 바친 노비 만석의 충노각이다. | 저자 촬영

'관노로 살아도 이보다는 나을 텐데…….'

관노는 관가의 노비이기에 악독한 주인은 없었다.

'그래도 합이를 위해 내 몸을 지켰어.'

남편 합이를 생각하자 효양은 가슴이 따뜻해지는 것 같았다. 효양은 합이를 위해 자신을 겁탈하려고 하는 유효손에게 맹렬하게 저항했다.

'짐승 같은 놈!'

치마를 들치고 속바지를 잡아당기던 유효손을 떠올리자 눈에서

불이 일어나는 것 같았다. 하마터면 유효손에게 몸을 버릴 뻔했으나 필사적으로 저항하여 위기를 벗어났다.

'속바지는 유효손의 방에 있을 텐데…….'

효양은 자신이 홑치마 하나만을 두르고 있다는 사실을 깨달았다.

"이것아, 정신이 드냐?"

새벽녘에 광으로 몰래 숨어들어 온 삼촌 마미치(馬未致)가 혀를 찼다.

"삼촌!"

효양은 마미치를 보자 눈물이 왈칵 쏟아졌다.

"이제 도망치지 마라. 노비가 어디로 도망친들 편하게 살 수 있겠냐?"

효양은 입술을 깨물었다. 삼촌 마미치에게도 차마 유효손이 자신을 겁탈하려고 했다는 말을 할 수 없었다.

종년은 내 물건

유효손은 사랑으로 돌아오자 보료에 털썩 앉아 입맛을 다셨다. 종년 효양을 몽둥이로 흠씬 두들겨 팼지만 속이 후련하지 않았다. 그래도 효양의 큼직한 엉덩이에 몽둥이질을 해놓았으니 다음에는 저항하지 못할 것이라고 생각했다.

'종년 주제에!'

유효손은 맹렬하게 저항을 하던 효양의 얼굴을 떠올리자 숨이 차올랐다.

계집이 혼례를 올리더니 가슴이 커지고 엉덩이가 풍만해졌다.

효양이 집 안팎을 오가는 모습을 볼 때마다 유효손은 숨이 막히는 것 같았다.

효양을 몇 번이나 덮쳤으나 번번이 낭패를 보았다.

한번은 출타했다가 돌아오는데 효양이 문간방에서 낮잠을 자고 있었다. 여름이라 홑치마에 홑적삼을 입고 네 활개를 펴고 곤하게 잠들어 있는 효양을 보자 눈이 뒤집힐 것 같았다.

'절호의 기회로다.'

유효손은 주위를 살핀 뒤에 문간방으로 들어갔다. 조심스럽게 효양의 적삼 옷고름을 풀었다.

'허어, 종년이 가슴 한 번 크구나.'

효양의 가슴을 본 유효손은 참이 꼴깍 넘어갔다.

이번에는 치마를 들치고 속바지를 무릎 아래로 끌어당겼다. 효양은 깊게 잠들어서 미동도 하지 않고 있었다.

유효손은 재빨리 바지를 벗고 효양에게 달려들려고 했다. 그때 효양이 눈을 번쩍 떴다.

"이년! 꼼짝 말고 있어라!"

유효손은 당황하여 효양에게 으름장을 놓았다.

"나리⋯⋯."

"내 말을 잘 듣지 않으면 그냥 두지 않을 것이다."

유효손은 일이 잘 되었다고 생각하면서 효양에게 엎드렸다. 종년이 저항할 것이라고는 한 번도 생각하지 않았다.

그때 효양이 그를 와락 밀치고 벌떡 일어났다. 유효손은 방바닥으로 나동그라졌다.

"나리, 왜 이러십니까?"

효양이 바지를 주워들고 냅다 줄행랑을 쳤다.

"이년아, 그, 그것은 내 바지다!"

유효손은 당황하여 소리를 질렀다. 효양이 자신의 속바지인줄 알고 그의 바지를 갖고 달아난 것이다.

유효손은 그 생각을 할 때마다 머리카락이 곤추서는 것 같았다.

'내가 이년을 반드시 해치울 것이다.'

유효손은 이를 갈았다.

하루는 비가 주룩주룩 내리는 날이었다. 마침 집에 아무도 없고 효양이 혼자 바느질을 하고 있었다.

'고년, 참!'

얌전하게 바느질을 하는 효양을 보자 춘심이 동했다.

유효손은 집안에 사람들이 없어 마음 놓고 효양에게 달려들 수 있었다. 하지만 효양은 맹렬하게 저항했다. 어르고 달래도 소용이 없고 눈알을 부라리면서 위협을 해도 소용이 없었다. 그래도 완력으로 효양의 적삼을 간신히 벗기고 치마와 속옷까지 벗겨 알몸으로 만들었다. 그러나 효양이 완강히 저항하여 그가 오히려 밑에 깔리는 처지가 되고 말았다.

"이년아, 주인에게 무슨 행패냐?"

유효손은 헐떡거리면서 소리를 질렀다.

"나리, 이러시면 안 됩니다."

"종년 주제에 왜 안 된다는 것이냐?"

"종년에게는 남편이 있습니다."

효양이 씩씩거리고 거친 숨결을 내뱉더니 치마와 저고리를 주워 들고 빗속으로 줄행랑을 쳤다.

"이년아, 그건 내 저고리야!"

유효손은 정신없이 달아나는 효양을 향해 헛되이 소리를 질렀을 뿐이었다.

"제 물건 하나 어찌하지 못하는 것이 사내란 말인가?"

친구들이 종년 때문에 쩔쩔매고 있는 유효손을 비웃었다.

"내 물건이라고?"

"종년이면 자네 물건이지 누구 물건인가? 말을 듣지 않으면 팔아 버리거나 매를 때리든 자네 소관일세. 종년에게는 주인의 위엄을 보일 필요가 있네."

유효손은 비로소 확연히 깨달았다. 그래서 그는 그때부터 효양에게 걸핏하면 매질을 하기 시작했다.

주왕(紂王)의 포락지형(炮烙之刑)

효양은 며칠 동안 광에 갇혀 있다가 풀려났다. 그러나 살쾡이 같은 유효손의 눈길을 피할 수 없었다. 걸핏하면 효양을 불러다가 이런저런 핑계로 매질을 하는데 여간 고통스럽지가 않았다.

효양은 이제 겨우 열아홉 살이었고 유효손은 30대의 장한(壯漢)이
었다.

'너무 아프다.'

효양은 마미치가 돌아가자 이를 악물었다. 유효손에게 몽둥이로
맞은 상처가 아직도 낫지 않고 쑤시고 아팠다. 피멍이 든 곳도 있었
고 살갗이 찢어진 곳도 있었다.

'나는 왜 종으로 태어난 것일까?'

효양은 양반이나 평민으로 태어나지 못한 것이 한스러웠다. 종으
로 태어났더라도 관노로 태어났으면 이런 고통을 당하지 않았을 것
이라고 생각했다.

효양은 유효손의 음침한 눈을 볼 때마다 벌레가 몸에 달라붙는 듯
한 기분을 느꼈다.

가을이 가고 겨울이 왔다. 잿빛 하늘에서 아침부터 눈발이 날리기
시작했다. 밖에서 눈보라가 날리자 효양은 방마다 군불을 지폈다.

저녁 무렵이 되자 유효손이 남편 합이를 먼 마을로 심부름을 보냈다.

'오늘 밤에 또 나를 덮치겠구나.'

효양은 단단히 조심해야겠다고 생각했다.

'절대 몸을 허락하지 않을 것이다!'

효양은 밤이 되자 눈을 부릅뜨고 잠을 자지 않으려고 했다.

얼마나 시간이 지났을까. 한밤중에 문이 슬며시 열리고 유효손이
들어왔다. 문을 잠갔는데 같이 자던 옥년이 열어놓고 밖으로 나간

것이다. 유효손에게 지시를 받은 것이 분명했다.

"내 말을 잘 들으면 고생하지 않게 해주마."

유효손이 효양을 덮치려고 했다.

"안 돼요!"

효양은 단호하게 뿌리쳤다.

"내 말을 안 들으면 죽여 버릴 거야!"

"죽어도 안 돼요!"

유효손이 치마를 벗기려고 하자 효양은 그를 재빨리 밀쳐버리고 밖으로 뛰쳐나갔다.

한겨울이었다. 살을 엘 듯한 추위가 온몸을 엄습했다. 효양은 신발도 신지 못하고 대문 밖으로 달려나갔다. 그러나 매서운 추위가 몰아치는 겨울에 갈 곳이 없었다. 효양은 추녀 밑에서 오들오들 떨다가 이튿날 아침 유효손에게 끌려왔다.

'빨리 매를 맞고 광에 갇히면 덜 추울 것이다.'

효양은 몸을 떨면서 그렇게 생각했다.

"이년! 또 도망을 쳐? 여봐라! 화로와 인두를 가져와라!"

유효손이 종들에게 영을 내렸다. 효양은 어리둥절하여 유효손을 쳐다보았다.

종들이 허리를 숙이고 인두와 화로를 내왔다.

"이년을 묶어라."

유효손의 지시로 효양은 손발이 묶였다. 효양은 무엇인가 심상치 않은 일이 벌어지고 있다고 생각했다.

종들은 벌벌 떨면서 유효손을 쳐다보고 있었다.

"나리, 용서해 주십시오."

삼촌 마미치가 유효손에게 빌었다. 효양은 고개만 푹 떨어트리고 있었다. 몽둥이로 얻어맞는 것은 어쩔 수 없는 일이라고 단념했다.

"이년! 또 도망을 칠 것이냐?"

유효손이 시뻘겋게 달아오른 인두를 화로에서 꺼냈다.

"나리!"

종들이 깜짝 놀라서 일제히 무릎을 꿇었다. 종들은 그때서야 유효손이 무엇을 하려고 하는지 눈치챈 것이었다.

효양의 얼굴도 하얗게 변했다.

'나를 위협하려는 거야.'

효양은 인두에서 나는 열기를 알아챘지만 끝까지 대답하지 않았다.

"나리, 어리석은 계집을 용서해 주십시오."

종들이 울면서 유효손에게 사정했다.

"닥쳐라! 내가 오늘 이 계집의 버릇을 고칠 것이다."

유효손이 인두로 효양의 팔에 갖다 댔다. 순식간에 옷이 타고 살 갗이 지져졌다.

"아악!"

효양이 이를 악물고 비명을 질러댔다. 그러나 유효손은 인두질을 멈추지 않았다. 불에 달군 인두를 효양의 어깨와 등, 허벅지에 갖다 댔다. 효양의 옷과 살이 타면서 연기가 자욱하게 피어올랐다. 효양이 처절한 비명을 질렀다.

"나리, 살려주세요!"

여자 종들이 일제히 울음을 터트렸다.

"시끄럽다. 누가 죽기라도 했느냐?"

유효손은 효양의 몸 이곳저곳을 인두로 지졌다. 효양은 다시 혼절하여 광에 갇혔다.

효양은 정신이 오락가락했다. 유효손이 인두를 손에 들었을 때도 위협만 하지 실제로 지질 것이라고는 생각하지 않았었다.

"이것아, 이게 무슨 꼴이야? 왜 또 도망을 치다가 잡혀 와서 이런 짓을 당해?"

마미치가 광에 들어와서 통곡했다.

"삼촌!"

효양은 눈물이 주르르 흘러내렸다.

"이런 고통을 당할 바에야 차라리 죽어라."

마미치의 눈에서도 눈물이 흘러내렸다.

"삼촌……."

효양은 피눈물을 흘렸다. 마미치에게 자신의 억울한 사정을 말할 수 없어서 가슴이 터질 것 같았다.

사람들에게 유효손이 한 짓을 밝히면 그는 치욕스러워 결코 살려두려고 하지 않을 것이다.

그러나 유효손은 거머리처럼 집요한 인간이었다. 그는 또다시 효양을 겁탈하려고 했고 효양은 도망을 쳤다가 잡혀 왔다.

"이년이 아주 지독한 년이구나. 나하고 해보자는 것이냐?"

유효손은 효양이 세 번째 잡혀 오자 발목에 구멍을 뚫고 삼줄을 꿰어 기둥에 묶어 놓았다.

'내가 짐승도 아니고 어찌 이런 짓을 하는가?'

효양은 자신을 개처럼 묶은 삼줄을 보고 처연했다.

개와 인간의 차이

효양이 인두로 지지는 고문과 발목을 뚫어 삼줄로 꿰어 묶인 고문을 당하자 남편 합이와 일족들은 피눈물을 흘렸다.

효양은 걸음을 떼어놓을 때 삼줄을 끌고 다녔다. 유효손은 삼줄에 묶인 효양에게 침을 뱉거나 묶어 놓은 개를 희롱하듯이 철저하게 모욕했다.

"이년아, 좀 기어 봐라."

유효손은 효양을 기어 다니게 하고 발로 찼다.

'내가 인간인지 개인지 모르겠구나.'

효양은 유효손이 없을 때 피눈물을 흘렸다.

"이제는 더 이상 참을 수 없다!"

효양의 가족들은 분노했다. 그러나 조선의 법은 종이 주인을 고발할 수 없었다.

효양의 삼촌 마미치는 꾀를 내어 사헌부로 달려가 누군가 자신의 조카 효양을 살해했다고 하는데 시체를 찾을 수 없으니 조사를 해

달라고 청했다.

　사헌부가 효양이 행방불명이 된 곳을 수색하고 유효손의 집으로 달려왔다. 유효손의 집에는 뜻밖에 여종이 삼줄에 개처럼 묶여 있었다.

　사헌부가 발칵 뒤집히고 성종에게까지 보고되었다. 성종은 유효손의 잔인한 짓에 분노했다.

　"포락형(炮烙刑)은 국가에서도 쓰지 않는 것인데, 유효손이 감히 비자(婢子)에게 사용하였다는 말이냐? 사악하고 잔인한 자다. 의금부에 국청을 설치하여 죄인을 잡아다가 조사하라!"

　성종이 명을 내렸다.

　유효손은 의금부의 국청으로 끌려왔다. 효양을 비롯하여 많은 종이 줄줄이 의금부로 끌려왔다.

　의금부의 관리들이 효양의 상처를 보고 혀를 찼다. 인근의 종들도 모두 의금부로 몰려와 구경을 했다.

　"소인은 종이 달아나서 벌을 주었을 뿐입니다."

　유효손은 벌벌 떨면서 조사관들에게 대답했다.

　"닥쳐라! 네가 감히 포락지형을 행하고도 사람이라고 할 수 있느냐?"

　"소, 소인은 종을 다스렸을 뿐입니다."

　"이놈, 인두로 지진 것을 인정하느냐?"

　"아, 아닙니다. 소인은 그런 일이 없습니다."

"저놈이 자백을 하지 않으니 형장(刑杖)을 쳐라."

조사관이 영을 내리자 의금부 나졸들이 곤장을 때렸다.

"아구구구. 자복합니다."

유효손은 겨우 곤장 세 대를 맞고선 자백하기 시작했다.

"이놈! 여종의 발에 구멍을 뚫어 삼줄을 꿴 것은 인정하느냐?"

"인정합니다."

"에이! 추악한 놈! 저놈에게 곤장 열 대를 치고 옥에 가두라."

의금부는 유효손의 죄상을 낱낱이 밝혀 성종에게 아뢰었다.

"유효손이라는 자는 악독하다. 나의 생각은 그 여종의 당방 일족(當房一族, 핍박을 받은 노비의 가족)을 속공(屬公, 사노에서 관노로 만듦)시켜 그 나머지를 경계하게 하였으면 하는데 어떻겠는가?"

성종이 명을 내렸다.

"유효손이 범(犯)한 것은 법을 세우기 전에 있었으며, 또 그 여종이 죽는 데에 이르지는 않았습니다. 그러나 포락의 형벌은 비록 임금도 사용하지 않는데 유효손이 법 밖의 참혹한 형벌을 사용하였습니다. 율문에 당방 인구는 속공한다는 조문이 있으니, 속공시켜 앞일을 징계하는 것이 좋겠습니다."

승지들이 일제히 아뢰었다.

"포락의 형벌은 〈주서(周書)〉에 나쁘다고 기록하였고, 육형(肉刑)을 없앤 것은 한사(漢史)에 아름답다고 적었다. 대저 잔인하고 가혹한 벌은 비록 임금이라도 사용할 수 없는데, 더구나 개인의 집안이겠는가? 국법에 무릇 한 집안의 주인이 노비에게 죄가 있으면 스스로 벌하도록 맡겨 둔 것은 그 분수를 중하게 여긴 것이다. 그러나 그사이에 어리석고 사나운 무리가 스스로 벌하는 것을 이롭게 여겨 도리가 아닌 잔학한 짓을 하지 않는 것이 없다. 유효손은 한낱 얼자(孼子)일 뿐이다. 그에게 노역을 당하는 노비가 많은 수가 아니라고 생각이 되는데, 포학하게 대우하는 것이 이와 같으니, 다른 사대부의 집안에 어찌 유효손보다 심한 자가 없겠는가? 그러나 이 일은 주인을 고발하는 데 관계되므로 늘 발각되지 않는 것을 괴롭게 여긴 터이다. 다행스럽게 한 번 발각된 것을 만약 법으로 엄하게 다스리지 않는다면, 모질고 사나운 자들을 징계할 수 없어서, 앞으로 사람을 제멋대로 죽이는 데에 이를 것이다. 그러니 한 사람을 벌하여 천만인(千萬人)을 경계하는 것은 마땅히 유효손으로부터 시작될 것이다. 유효손은 율(律)에 의하여 과죄(科罪)하는 것을 제외하고 별도로 유효손이 가진 노비 중에 위 항(項)의 효양(孝養)과 효양의 어미 비(婢) 자질금(者叱今), 효양의 동복(同腹)인 말동(末同), 남편인 합이 등과 일족(一族)인 약중(若中)·철근(鐵斤) 등을 아울러 모두 속공하도록 하라."

성종이 형조에 명을 내렸다. 효양의 일로 그녀의 가족들이 뜻밖에 혜택을 받게 된 것이다.

"유효손의 노비를 속공하는 것은 적당하지 않습니다."

헌납(獻納) 박의영(朴義榮)이 아뢰었다.

"이 일을 대간(臺諫)이 어찌하여 말하는가? 하늘이 사람을 태어나게 할 때에 처음부터 어찌 종과 주인의 분별이 있었겠는가? 만약 사람이 각각 스스로 그 노비를 사사로이 하여 임금의 생살권을 도둑질하여 손가락을 부러뜨리고 단근질하여 참혹하고 포학하게 하는 것이 이르지 아니하는 바가 없으면 어찌 옳겠는가?"

성종이 벌컥 화를 냈다.

"유효손이 한 행위는 비록 참혹하고 포학하더라도 반드시 노비가 명령을 거역함으로 인하여 엄한 형벌을 가하였던 것인데, 이제 노비의 일족을 모두 속공하게 하면 장차 아마도 굳센 노비가 그 주인과 겨루려 할 것입니다."

지평(持平) 이녹숭(李祿崇)이 아뢰었다. 노비들을 엄하게 다루지 않으면 사나운 노비들이 주인에게 반발한다는 논리였다.

"대간은 유효손이 한 바를 옳다고 하는가? 노비가 명령을 거역함으로써 참혹한 형벌을 시행하는 것이 가하다고 하는가? 이제 이 노비를 속공하면 세상에 노비를 가진 자가 반드시 장차 말하기를, '수(數)가 적은 노비를 이 같은 죄를 범했다 하여 속공하면 집안에 이롭지 못하다'고 하여 혹시 그 노여움을 이루지 못하는 자가 있을 것이다. 그러면 이 법이 또한 그 주인에게 유리하지 아니하겠는가? 고치는 것은 적당하지 못하다."

성종이 다시 명을 내렸다. 이녹숭은 더 이상 할 말이 없어서 머리를 조아리고 물러갔다.

유효손을 의금부에서 추국할 때에 형벌을 받은 효양이 자기가 장차 속공 된다는 것을 듣고 유효손을 면대해 꾸짖었다.

"당신이 전일에 나를 간통하려고 하다가 내가 따르지 아니하였기 때문에 지금 이 지경에 이르렀다."

유효손은 몹시 부끄러워하면서 얼굴을 들지 못했다.

"당신이 나를 간통하려고 하지 아니하였느냐? 종이라고 이런 짓을 해도 되는 줄 아는가?"

효양이 눈물을 흘리면서 유효손을 다그치자 그는 대답조차 하지 못했다. 의금부의 국청을 구경하던 노비들이 유효손을 보며 모두 통쾌해했다.

유효손 사건은 조선시대에 종들이 주인에게 얼마나 핍박을 받고 있었는지 여실하게 보여주는 사건이었다.

성종은 지혜로운 군주여서 효양뿐 아니라 그녀의 일가족 모두를 속공하게 하여 사노에서 관노로 만들었다. 이는 포학한 유효손에게서 학대를 받지 않게는 했으나 여전히 노비라는 것을 인정한 것이다. 그래서 유효손에게는 어떠한 처벌도 내리지 않았다.

사헌부 관리들 뿐 아니라 형조에서도 속공은 불가하다고 여러 차례 아뢰었다. 효양 사건이 자신들이 거느리고 있는 노비들에게도 영향을 미칠까 봐 두려워 한 것이다.

조선의 지배층인 양반들에게 노비는 인간이 아니었다.

효양을 비롯하여 그녀의 일가족은 모두 속공이 되었다. 그러나 유효손에게 잔혹한 학대를 당했던 효양은 장애를 가진 채 평생을 관노로 살았다.

죄수가
저자도에 살다
여자 백정, 임생

　저자도(楮子島)는 옥수동과 압구정 앞에 있던 섬으로, 닥나무가 많다고 하여 저자도로 불렸다. 이 저자도가 조선시대 초기에는 태조(太祖) 이성계(李成桂)의 형인 의안대군(義安大君) 소유였다가, 세종 때는 정의공주(貞懿公主)에게 하사되고 정의공주는 아들 안빈세(安貧世)에게 주었다.

　저자도는 풍경이 아름다워 시인 묵객들이 끊임없이 찾아와 시를 짓고 그림을 그렸다.

　　십 리 넓은 강에 보슬비 내리고
　　한 줄기 긴 피리 소리 갈대꽃 사이로 들린다.
　　금 솥에 국을 끓이던 장수의 손으로

한가로이 낚싯대 잡고 석양의 모래밭을 내려간다.

고려 때의 무인 한종유(韓宗愈)의 시는 저자도의 아름다운 풍경을
잘 묘사하고 있다.

저자도 앞 압구정에는 닥점이 있어 한지의 원료인 닥나무나 닥나
무 껍질을 사고팔았다.

조선시대는 종이가 귀해서 많은 사람이 닥나무 껍질을 삶아서 한
지를 만들고는 했다. 저자도에는 한지를 만드는 사람이 많았는데
한강 안에 있는 섬이어서 죄수를 보내 돼지를 키우게 했다. 죄수와
죄수 가족들이 모여 살아 사건이 자주 발생했는데 관아의 엄격한
통제를 받는 뭍과 달리 주민들이 자유분방하게 살았기 때문으로,
실록에 풍기가 문란하다는 이야기가 보고되기도 했다.

저자도는 천민들이 사는 세상이었다.

죄수들의 천국 저자도

사람들이 우르르 나루로 몰려갔다. 육지에서 배가 오고 배에서 소
금장수가 와서 닥나무로 만든 한지를 사간다고 섬에 소문이 퍼졌다.

임생(任生)은 치맛자락을 말아쥐고 나루로 달려갔다. 나루에는 벌
써 사람들이 잔뜩 몰려와 있었다. 밭에서 일하던 임생의 남편 세현
(世玄)도 와 있고 세현과 사이가 좋지 않은 선(先)도 와 있었다.

한여름이라 베적삼을 풀어헤치고 있었다. 임생은 남편 세현의 옆
에 가서 섰다. 세현이 그녀를 보고 알 듯 모를 듯한 미소를 지었다.

옥수동과 압구정 앞에 있던 저자도라는 섬에는 닥나무가 많아 저자도라고 불렸다. 이 저자도는 풍경이 아름다워 시인 묵객들이 찾아와 시를 짓고 그림을 그렸지만 압구정 개발로 인해 현재는 사라진 섬이 되었다. 사진은 한강의 새 모습을 항공사진으로 담은 것이다. | 저자 소장

"이제 곧 장마가 질 테니 한동안 오지 않을 거야. 그러니 빨리빨리 소금들 들여놓으라고!"

소금장수가 둘러선 사람들에게 소리를 질렀다.

임생은 남편 세현을 힐끗 쳐다보았다. 소금을 들여놓고 싶지만, 수중에 돈이 없었다.

"한 말 주시오."

선의 아낙인 봉순이 큰 바가지를 들고 와서 말했다.

"아따! 바가지가 누구네 엉덩짝만큼 크군."

소금장수가 임생을 힐끗 쳐다보면서 너스레를 떨자 사람들이 일제히 웃음을 터트렸다.

"그 엉덩짝을 만져보기라도 했나?"

우락부락하게 생긴 선이 맞장구를 쳤다.

"그랬다가는 장작에 맞아 죽을 걸."

"엉덩짝만 큰가? 가슴도 크지."

선의 음흉한 눈이 임생의 몸을 더듬었다. 세현은 마땅치 않은 듯이 선과 소금장수를 노려보고 있었다. 누구라고 꼭 집어 말하지는 않았으나 저자도에서 육덕이 가장 큰 여자인 자신의 아내를 일컫는 것은 불을 보듯 뻔한 일이었다.

"밤일할 때는 숨이 막힐걸."

"그래도 절벽보다는 낫지."

세현이 참지 않고 한 마디 내뱉었다.

선의 부인인 봉순은 가슴이 작아서 절벽이라고 불렸다.

선의 부리부리한 눈에서 살기가 뿜어졌다.

"자자, 소금들 들여놔. 내가 여기서 한나절을 기다리고 있을 테니 돈이 없는 사람은 마누라 속곳이라도 가져와."

분위기가 험악해진 것을 눈치챈 소금장수가 너스레를 떨고 사람들이 와자하게 웃음을 터트렸다. 임생은 세현과 함께 집으로 돌아왔다.

세현은 완력으로 선을 이길 수가 없어서 어깨를 축 늘어트리고 걷고 있었다. 임생은 묵묵히 세현을 따라 걸었다. 햇볕은 따갑고 닥나무 가지들은 잎사귀가 무성했다. 세현이 앞서가다가 걸음을 멈췄다.

"왜?"

임생이 세현을 보고 물었다.

"오늘 선이 때문에 기분이 나빴지?"

"맨날 지껄이는 소린데, 뭐. 어느 집 개가 짖나 해야지."

"내가 업어 줄까?"

"숭하게 대낮에 왜 그래?"

"업히라. 보는 사람도 없으니……."

세현이 허리를 숙였다. 임생은 주위를 살핀 뒤에 재빨리 세현에게 업혔다. 세현의 등에 업히자 뜻밖에 그의 등이 따뜻하고 넓다는 것을 알 수 있었다.

"무겁지 않아?"

임생이 살갑게 물었다.

"괜찮아."

"기운이 장사네."

세현은 임생의 등에 업혀서 시린 눈빛으로 강 건너 마을을 살폈다.

강 건너에 무너져가는 절 봉은사가 있었다. 닥나무 사이로 저자도의 돼지우리와 다를 바 없는 움막집들이 보였다. 돼지를 키우고 닥나무를 가꾸는 사노(私奴)와 죄수들이 사는 집이었다.

저자도에는 30여 호의 사람들이 살고 있었는데 그 중 안 씨가의 사노는 선을 비롯해 10호도 안 되었다. 나머지는 여기저기서 떠돌다가 흘러들어온 죄수들이었다.

저자도가 섬이니 누구의 간섭을 받지도 않았고, 포졸들의 기찰을 받지도 않았다. 섬의 주인도 죄수들이 들어와 사는 것을 눈감아주고 있었다. 죄수들에게 먹을 것만 대주면 그들이 돼지를 키우고 닥나무를 팔아 벌어들이는 돈이 모두 섬의 주인에게 돌아가는 것이다.

저자도에는 기우제를 지내는 제단이 있었다. 가뭄이 들 때마다 나라에서 기우제를 지냈기 때문에 제단을 가꾸고 길을 내는 것도 죄수들의 몫이었다. 세금을 내지 않고 부역에도 나가지 않아 죄수들에게는 천국이었다.

"나 좀 내려주세요."

"왜?"

"이제 내가 당신을 업어줄게요."

"남자가 어떻게 여자 등에 업히나?"

"내가 업어주고 싶어서 그래요."

임생이 세현의 등에서 내리고 세현을 등에 업었다.

"우리 마누라가 제일이네."

"좋아요?"

"좋다마다! 극락에 온 것 같네. 우리 이렇게 평생을 살았으면 좋겠네. 내가 당신 업어주고 당신이 나를 업어주고……."

"나도 그래요."

임생은 세현이 있어서 좋았다.

소금이 부른 화

강 파도 소리가 은은하게 들렸다. 강 건너 어느 산에선가 접동새 우는 소리도 들렸다.

봉순은 남편 선과 함께 나란히 물가에 앉아서 강물에 발을 담갔다. 선은 하루종일 닥나무를 베고 봉순은 닥나무를 가마솥에 넣고 삶았다.

저자도에 흘러들어 온 지 몇 해나 되었을까. 선과 나란히 앉아서 강 파도 소리를 듣고 있는 것이 꿈만 같았다. 칠흑처럼 캄캄한 하늘에는 별이 **빽빽**했고 바람결은 부드러웠다.

문득 임생의 얼굴이 떠올라왔다. 임생에게 소금 반 말을 빌려주었는데 아직 갚지 않고 있었다. 남편 선이 그 사실을 알면 노발대발할 것이다.

소금장수가 와서 임생이 소금을 사야 갚는데 어쩐 일인지 소금장수가 오지 않고 있었다.

"아픈가?"

선이 낮은 목소리로 물었다.

"그걸 말이라고 해요?"

봉순은 퉁명스럽게 내쏘았다.

"그러게 왜 대들어?"

"그렇다고 지 마누라를 오뉴월 개 패듯 해요?"

봉순은 설움이 복받쳐 눈물이 왈칵 쏟아졌다. 기구한 팔자라고 생각했다.

첫 번째 남자는 술만 취하면 그녀를 장작으로 때렸다. 그가 너무 무서워 도망을 쳤다가 두 번째 만난 남자는 걸핏하면 뺨을 찰싹찰싹 때렸다. 그가 싫어서 가슴팍을 밀어버렸는데 머리를 맷돌에 부딪쳐 죽었다. 그녀는 살인자가 되어 도망을 치다가 세 번째 남자를 만났다. 그는 중이었는데 그녀를 절간에 가두고 도망을 못가게 한다면서 매질을 했다. 네 번째 남자가 저자도에 흘러들어와서 만난 사노 선이었다.

"이제 안 그럴게."

선이 봉순을 가만히 쓸어안았다.

"소금이 왜 요거밖에 없어?"

이튿날 아침, 선이 소금 바구니를 살피고 눈을 부릅떴다.

"모, 몰라요."

봉순은 그가 매질을 할까 봐 거짓말을 했다.

"이건 분명히 세현이 놈이 도둑질해 간 거야."

선이 부리나케 마당을 뛰어나갔다.

"아이고, 이 일을 어째?"

봉순은 발을 굴렀으나 어쩔 수가 없었다.

선은 세현을 닥나무를 쌓아놓은 언덕에서 만났다.

"야! 이 도둑놈아!"

"뭐가 어째?"

선과 세현은 대판 싸웠고 봉순이 마을 사람들을 데리고 헐레벌떡 달려왔을 때는 세현이 선의 칼에 찔려 숨이 끊어진 뒤였다. 마을 사람들은 선을 새끼줄로 묶어 놓고 임생에게 알렸다.

"큰일 났어. 선이 세현을 칼로 찔러 죽였다네."

마을 사람이 달려와 세현의 아내 임생에게 알렸다.

"그게 무슨 말입니까?"

임생은 어리둥절했다. 아침까지 멀쩡했던 남편이 죽었다는 말이 믿어지지 않았다.

"빨리 가봐. 선은 사람들이 묶어 놨어."

임생은 그때야 얼굴이 하얗게 변해 마을 사람을 따라 세현이 눕혀 있는 곳으로 달려갔다.

그녀의 남편은 이미 피를 흘리고 죽어 있었다.

"여보, 이게 웬 날벼락이오?"

임생은 세현의 시체를 끌어안고 통곡했다.

마을 사람들이 빙 둘러서서 혀를 차기도 하고 웅성거리기도 했다. 관아에 연락하라고 소리를 지르는 사람도 있었다.

"이놈아, 네 무슨 원한이 있어서 우리 남편을 죽였느냐? 사람을 죽였으면 목숨으로 갚아야 하는 법! 내 칼을 받아라!"

임생은 갑자기 벌떡 일어나서 벼락을 치듯 호통을 치더니 품속에서 칼을 꺼내 마구 찔렀다.

마을 사람들은 경악하여 어찌할 바를 몰랐다. 서슬이 퍼런 임생의 모습에 뒤로 물러나 몸을 떨기만 했다.

임생은 밧줄에 묶여 있는 선을 여러 차례 찔러 죽은 것을 확인한 뒤에야 칼을 내던졌다.

"나는 내 남편의 원수를 갚았으니 관에 알리시오."

임생이 두 눈에서 퍼렇게 독기를 뿜으면서 소리를 질렀다. 저자도 사람들은 허겁지겁 중부(中部)로 달려가 살인사건이 일어났다고 신고했다.

그 여자의 일생

죄수는 해진 저고리와 머리를 풀어헤치고 붉은 포승줄에 묶여 있었다. 얼굴에는 흙먼지가 더덕더덕 묻어 있고 신발을 신지 않은 발은 흙투성이였다. 사람들이 살인죄수라고 돌멩이를 던진 탓에 곳곳에 멍이 들고 핏자국이 맺혀 있었다.

"꿇어앉아라."

포졸이 사납게 영을 내리자 여죄수가 무릎을 꿇었다.

"네 이름이 무엇이냐?"

포도청 율관(律官)이 얼굴을 찡그리면서 물었다.

"임생입니다."

여죄수가 기어들어가는 목소리로 대답했다.

"뭐라고?"

"임생."

"임생? 거하는 곳이 어디냐?"

여죄수가 고개를 들고 율관을 쏘아보았다.

"사는 곳이 어디냐고?"

"닥섬."

"닥섬? 저년이 혀가 짧은 것이냐? 시래기 밥을 처먹은 것이냐? 어찌 말이 짧아? 닥섬이면 저자도를 말하는 것이냐?"

"그렇소."

"어찌 사람을 죽였느냐? 네가 사람을 죽이면 목숨으로 갚아야 하는 상명(詳明)의 법을 아느냐?"

"모르오."

"무식한 것이 알 리가 없지. 가만. 닥섬이면 광주목 관할이 아니냐? 저 죄수를 광주목으로 넘겨라."

"예?"

율관의 말에 포졸들의 눈이 커졌다.

"저자도는 광주목 관할이다. 쯧쯧……. 죄수를 잡아도 뭘 알고 잡아들여야지. 당장 광주목으로 호송해라!"

율관의 말에 포졸들은 하품을 한 뒤에 여죄수 임생을 끌고 나갔다.

좌포도청에서 광주목까지는 꼬박 하루 반나절이 걸렸다.

포졸은 임생을 끌고 가면서 땀을 흥건히 흘렸다.

"그래, 어쩌다가 살인을 한 것이냐?"

해가 설핏이 기울 무렵에 광주목에 이른 포졸이 길섶에 앉아 쉬면서 물었다. 임생은 대답하지 않고 허공만 쳐다보고 있었다.

"나이가 몇이야?"

임생은 대답하지 않았다.

"아이는 있고?"

여전히 대답하지 않는데 마침 떡장수가 지나가서 포졸은 개피떡을 사서 임생에게도 주었다. 임생은 마다치 않고 떡을 먹더니 자신의 이야기를 하기 시작했다.

임생은 부모가 누구인지도 몰랐다. 어릴 때부터 걸인들을 따라다니면서 구걸을 하여 먹고 살았다. 그러다가 나이가 들었고 가슴이 나오고 엉덩이가 커지자 사내들의 손을 타기 시작했다.

사내들이 먹을 것을 가지고 와서 눕히면 백치처럼 웃으면서 치마를 걷고 사내를 받아들였다. 그렇게 여러 해가 지났을 때 품팔이하는 사내를 만났고 그와 구름재 움막집에서 살림을 차렸다. 그러나 그가 병들어 죽자 다시 걸인이 되어 떠돌아다녔다. 그러다가 다시 사내를 만났는데, 저자도에서 돼지를 키워 잡는 백정이었다.

그가 죄수 신분이라고 해도 임생은 굶주리지 않고 따뜻한 방에서 살 수 있었다. 돼지를 잡으니 고깃국도 먹을 수 있고 저자도에서 채소를 키워 먹기도 했다.

그런데 소금 때문에 싸움이 벌어져 남정네가 칼에 찔려 죽었다.

'아아! 어떻게 이럴 수가 있는가?'

임생은 하늘이 무너지는 것 같았다.

임생은 남정네의 차가운 시신을 끌어안고 통곡했다. 걸인인 자신을 더럽다고 하지 않고 지난해에는 혼례까지 올려준 남정네였다.

'내가 이 원수를 그냥 두지 않으리라.'

임생은 부엌칼을 가지고 와서 묶여 있는 사내를 난도질하여 죽였다. 그러자 저자도 백성들이 그녀를 묶어서 관에 신고했다.

"참 허망한 인생이구나."

포졸은 임생의 이야기를 듣고 씁쓸해 했다. 사람을 죽였으니 이제 재판을 받고 사형을 당할 것이 분명했다.

저자도에서 발생한 살인사건의 1차 재판은 광주목에서 이루어졌다. 목사가 현장에 가서 시체를 검시하고 증인들의 진술을 청취하고 살인자인 임생에게 공초를 받은 뒤에 형조로 올려보냈다.

"처가 남편을 위해 복수했을 때 적용할 만한 율(律)이 없는데 정표(旌表)할 만한 열녀이니만큼 복주(伏誅)되어야 할 죄도 덮어 주기에 충분하다 하겠습니다. 율에 '조부모나 부모가 남에게 살해되었을 때 흉악한 행위를 한 자를 자손이 멋대로 죽인 경우에는 장 육십(杖六十)이고 현장에서 즉시 죽인 경우에는 논하지 않는다' 고 하였는데, 부부는 삼강(三綱)의 하나인 만큼 자손이 조부모나 부모를 위해 복수한 경우와 조금도 다를 것이 없습니다."

대신들이 장 육십으로 법조문을 적용시킬 것을 아뢰었다.

"일단 현장에서 죽인 이상, 장 육십의 율을 적용하는 것은 타당치 못할 듯하다. 논하지 말라."

현종이 판부를 내렸다.

임생은 정당방위가 인정되어 무죄로 석방되었다.

임생은 저자도로 돌아왔으나 갈 곳이 없었다. 사람들이 그녀가 살던 집을 살인자의 집이라고 헐어버린 것이다.

그녀를 보는 마을 사람들의 눈도 여간 싸늘하지 않았다. 그녀를 보면 차가운 눈으로 쏘아보거나 황급히 자리를 피했다.

'여기는 내가 있을 곳이 아니야.'

임생은 저자도에서 나와 터벅터벅 걸었다. 수중에는 돈도 없고 패물도 없었다. 그녀는 배가 너무 고프자 구걸하기 시작했다. 그녀는 걸인들과 함께 구걸하면서 떠돌아다녔다.

"얼씨구씨구씨구 들어간다. 작년에 왔던 각설이 죽지도 않고 또 왔네."

임생의 각설이 타령은 전에 없이 청승맞았다는 것이 사람들의 이야기였다.

4

엄마 찾아 3만 리
동래 노파

기생은 평민 중에서도 신분이 더욱 낮은 천민으로 팔천(八賤)에 속한다. 팔천은 사노비(私奴婢), 승려, 무당, 백정, 광대, 공장(工匠), 상여꾼, 기생이다. 이 중에 기생은 관기(官妓)와 사기(私妓)로 나뉘는데, 신분이 세습되어 기생의 자식들도 천민이 된다.

딸들은 대를 이어 기생을 하게 된다. 용모가 출중하고 재주가 뛰어나면 사대부들의 사랑을 받아 첩이 되기도 하는데 이것이 기생의 팔자로는 가장 출세한 성공이다.

우리는 역사 속에서 사대부의 첩이 되는 수많은 기생들을 볼 수 있다. 12세에서 16세 사이에 머리를 얹고 남자를 받아들이는데, 해주 기생 명선은 이때의 경험을 짐승 같은 짓이었다고 기록을 남겼다. 그러나 그녀의 첫 남자가 그녀를 첩으로 들였기 때문에 기적과 같은 성공을 이루게 된다. 하지만 이런 일은 흔치 않다.

기생들 대부분의 첫 경험이 남자에게는 하룻밤 풋사랑에 지나지 않는다. 관기는 성 상납을 받을 뿐 돈도 지급하지 않는다.

사기는 기루(妓樓)에 소속되어 있다. 노류장화(路柳墻花). 길가에 핀 꽃이라 누구나 꺾을 수 있다. 돈 몇 푼에 술을 팔고, 노래를 팔고, 웃음을 팔다가 결국은 몸을 판다.

기생이 늙으면 이가 서 말이고 이야기보따리만 남는다는 말이 있다. 화려했던 젊음은 가고 가난만이 남는다는 뜻이다.

그때서야 기생은 이제는 길가의 꽃이 아니라 잡초라는 사실을 깨닫는다.

왜군의 포로가 된 기생

경상도 동래에 40세가 넘은 사기(私妓)가 살고 있었다. 사기는 이름도 성도 전해지지 않고 기명(妓名)도 남아 있지 않았다.

그녀는 언니와 함께 어머니를 모시고 살았다. 기생 일을 못하니 자매가 품팔이를 했는데 사기는 비교적 베를 짜는 일에 능숙했고 언니는 부엌일을 잘했다.

그녀의 화려했던 젊은 시절은 일장춘몽처럼 지나가고 노기(老妓)의 단계를 넘어 중년 아낙이 되었다.

기생은 일반적으로 30세가 넘으면 노기 취급을 받기 때문이다.

세 모녀는 기생 일을 할 수 없어 가난하고 쓸쓸하게 살았다.

임진왜란이 일어나기 직전의 일이었다. 동래는 언제 일본이 침략해올지 몰라 뒤숭숭했다.

한양에서 일본의 동정을 살피기 위해 통신사가 내려와 일본에 갔다가 오고 성을 수축하는 등 남해안 일대는 분주했다.

"내가 기생이 되어 너희들을 낳지 않았다면 너희들이 이 고생을 하지 않았을 것을!"

어머니는 항상 두 딸에게 미안해했다.

"어머니, 아무리 우리네 인생이 하찮아도 사람으로 살고 있어요. 우리를 낳고 키워주신 걸 고맙게 생각해요."

두 딸은 오히려 어머니의 손을 잡고 위로했다. 그러나 사기는 혼자 있을 때 자신의 인생이 한없이 남루하고 쓸쓸하다는 생각을 지울 수 없었다. 베를 짜다가 울타리 밖으로 지나가는 남정네를 저절로 쳐다보게 되고, 아이들이 와자하게 떠드는 소리가 들리면 자신도 모르게 귀를 기울이게 되었다. 기생 출신이라 그런지 아이도 낳지 못했다.

'내 인생이 쓸쓸해도 아이가 없는 것이 더 좋을지 몰라.'

사기는 무겁게 한숨을 내쉬고는 했다.

1592년 임진왜란이 일어났다. 부산포에 상륙한 왜군이 동래성으로 쳐들어오자 동래부사 송상현(宋象賢)은 성민들을 모아 결사항전을 선언했다.

동래 일대는 왜군의 침략으로 어수선했다. 사람들이 다투어 피난을 가고 왜군에 대한 불안으로 어쩔 줄을 몰라했다.

"언니는 어머니를 모시고 산으로 피해요. 나는 성(城)으로 들어가겠어요."

사기가 언니의 손을 잡고 말했다.

"왜군이 쳐들어오면 피신을 해야지 왜 성으로 들어가니?"

언니가 펄쩍 뛰었다.

"왜군이 쳐들어왔으니 우리도 백성된 도리를 해야지요. 아무도 성에 가서 돕지 않으면 천한 기생이라 그렇다고 손가락질을 할 거예요. 손가락질을 받으면서 살아갈 수는 없잖아요?"

사기는 언니에게 어머니를 맡기고 동래성으로 들어갔다.

동래성에서는 전투준비가 한창이었다. 장정들이 활과 돌멩이를 준비하고 병기를 갈고 닦았다. 사기는 수건을 머리에 둘러쓰고 허리띠로 치마를 단단히 묶고 군사와 장정들을 도왔다. 그들에게 밥을 해서 나누어주고 돌을 날랐다.

"왜군이다!"

성루에서 군사와 장정들이 소리를 질렀다. 장정들을 따라 성곽으로 올라가자 검은 깃발을 세운 왜군이 동래성 앞에 가득했다.

'왜군이 개미떼처럼 새까맣구나.'

사기는 동래성 앞에 가득한 왜군을 보고 불안했다.

이내 전투가 시작되었다. 동래부의 군사와 성민들은 수십 배나 많은 왜군과 처절하게 싸웠으나 패했고, 부사 송상현은 장렬하게 전사했다.

사기는 왜군의 포로가 되었다.

'왜인들에게 험한 꼴을 당하면 자결할 것이다.'

사기는 피가 나도록 입술을 깨물고 다짐했다. 그러나 왜군은 전투에 바빠 그녀를 욕보이려고 하지 않았다.

동래부사의 첩 이(李) 씨도 포로가 되었으나 능욕을 당하지 않았다. 왜군이 욕보이려고 하자 그녀가 자진하겠다고 외쳐 왜군들은 욕심을 채울 수 없었다.

부녀자들은 왜군에게 포로가 되자 울음을 터트렸다. 사기는 불안했으나 호랑이 등에 업혀 가도 정신만 바짝 차리면 살 수 있다고 생각했다.

"우리 모두 부끄러운 조선 여자가 되어서는 안 돼요."

송상현의 첩 이 씨가 말했다.

사람들은 그제야 진정되기 시작했다. 사기는 이 씨의 말에 배울 점이 많다고 생각했다. 옥에 갇혀 있으면서 그녀와 많은 이야기를 나누었다.

'어머니와 언니는 어떻게 되었을까?'

사기는 어머니와 언니 생각에 안절부절 했다. 어머니와 언니가 잡히지 않으면 좋겠다고 생각했다.

일본으로 끌려가는 조선인들

사기는 옥에서 여러 날을 보냈다. 전쟁은 점점 심해지고 있는 것 같았다.

남자들이 왜군에게 끌려나가 시체를 묻거나 불태우고 돌아왔다고 했다. 동래부의 많은 남자가 왜군에게 죽임을 당한 것이 분명했다.

왜군은 계속 상륙하여 북으로 올라가고 있다고 했다. 동래 일대가 왜군으로 뒤덮여 있다는 것이었다. 그러나 옥 안에 갇혀 있어서 어떻게 돌아가는지 전혀 알 수 없었다.

"여러분, 우리를 왜국으로 끌고 간대요."

며칠이 지나자 갑자기 포로들이 웅성거렸다. 왜국으로 끌려간다고 울부짖는 사람도 있었다.

'내가 왜국으로 끌려가면 어머니는 어떻게 하지?'

사기는 어머니를 생각하자 뜨거운 눈물이 흘러내렸다. 그러나 어찌할 수가 없었다.

그날 밤 비가 내리기 시작했다. 옥창(獄窓)으로 비 오는 밖을 내다보자 더욱 심란했다.

비는 새벽이 되자 그쳤다. 날이 밝자 조선인들은 손발이 묶인 채 왜선으로 끌려갔다. 누군가 끌려가지 않겠다고 소리를 지르다가 발버둥을 쳤다. 왜인들은 끌려가지 않으려는 사람을 잔인하게 칼로 베어 살해했다. 그가 흘린 피가 감옥 앞에 흥건했다.

"왜국에 끌려가서 욕을 당할 것 같으면 자진하라!"

양반으로 보이는 사내가 눈을 부릅뜨고 부인에게 윽박질렀다.

"그 말이 지금 나에게 할 소리요?"

부인이 왜인들에게 끌려가면서 어이없다는 표정을 지었다.

"욕을 당하면 자진을 하는 것이 부인의 도리가 아니오? 부덕(婦德)에 대해서 배우지 않았소?"

"하아. 그럼 왜구에게 나라를 짓밟히게 한 당신네들 사대부는 무얼 하고 있었소? 당신도 충절을 안다면 자진해야 될 거 아니요?"

부인이 사내에게 침을 뱉었다. 왜인들은 알아듣지 못하면서도 낄 낄대고 웃었다.

'포로로 끌려가면서도 싸움을 하고 있으니!'

사기는 양반 부부가 한심했다. 왜군에게 포로가 되었다고 해서 남자가 여자에게 자진을 강요할 일은 아니라고 생각했기 때문이다.

양반 여자는 나중에 왜군 장수의 여자가 되었다. 왜인 여자의 옷을 입고 왜군 장수와 희희낙락했다. 사람들이 은밀하게 왜군 장수의 수청을 들었을 것이라고 수군거렸다.

왜군의 수청을 거절하다가 살해당한 여자도 있었다. 많은 여자가 왜군에게 끌려가 능욕을 당했다.

포로로 끌려온 여자 중에도 이미 왜군에게 몸을 빼앗긴 여자들도 있었다. 그녀들은 왜군이 마을에 들이닥쳐 남자들을 닥치는 대로 죽이고 여자들을 겁탈했다고 했다.

조선인 포로들은 왜인들에게 채찍으로 맞으면서 배에 올라탔다.

'왜국은 어디에 있는 것일까?'

사기는 뱃전에서 망망대해를 바라보며 자신의 운명이 기구하다고 생각했다. 그러나 더 이상은 바다를 보고 있을 수가 없었다.

포로들은 모두 배 밑으로 끌려가서 갇혔다. 수백 명의 남녀가 바글바글하여 냄새가 코를 찔렀다. 포로들은 10여 세의 소년·소녀에서 40대 남녀까지 다양했는데 모두 왜국으로 끌려간다고 하여 울고 있었다.

'호랑이 등에 올라타도 정신만 차리면 살 수 있다.'

사기는 비장하게 입술을 깨물었다. 왜국이 어디에 있는지 들어본 일도 없었다. 풍설에 의하면 왜인들이 사람을 잡아먹는다는 이야기를 들은 일이 있어서 겁이 났다. 그러나 수많은 사람을 잡아먹을 수는 없을 것이라고 생각했다.

배가 출발하자 사람들이 멀미를 하고 우는 사람도 있었다. 사기는 한쪽에 웅크리고 앉아서 눈을 감았다. 자신의 기구한 운명이 머릿속을 스치고 지나갔다.

어머니가 기생이었기 때문에 그녀도 기생 노릇을 했다.

좋았던 시절은 남자들 품을 전전하면서 노래를 부르고 춤을 추던 젊은 시절이었다. 그러나 모든 것이 부질없다고 생각하면서도 자신의 삶이 서러웠다.

배는 하루 종일 달렸다. 냄새와 더위 때문에 숨이 턱턱 막혔다. 왜인들은 해 질 무렵에야 식은 밥 한 덩어리를 나누어 주었다.

"어머니……. 어머니……."

사기는 바닥에 쓰러져 울었다.

배는 하루가 지나서 일지도라는 섬에 도착하여 이틀을 머물러 있다가 다시 출발했다. 그동안 포로들은 전혀 밖으로 나올 수가 없었다.

배가 왜국에 도착한 것은 조선을 출발한 지 여러 날이 지났을 때였다. 포로 중에는 탈진하여 죽은 사람도 있었다. 왜인들은 시체를 질질 끌고 나가 바다에 버렸다. 젊은 여자들이나 옷을 잘 입은 여자 중에는 왜인들에게 끌려가 능욕을 당한 사람도 있었다. 여자들이 돌아오면 부둥켜안고 울음을 터트렸다.

'아아! 이제 왜국에 도착했구나.'

사기는 배 밑바닥에서 나오자 숨을 깊게 들이마셨다가 내쉬었다. 탁한 공기 때문에 숨이 막힐 것 같았으나 시원한 공기를 마시자 정신이 맑아지는 것 같았다.

배에서 내리자 걸음이 비틀거려 쓰러지는 사람이 많았다.

"빨리 가라!"

왜인들은 포로들을 닥치는 대로 발로 차고 채찍으로 때렸다.

수용소까지는 한참이나 걸렸다. 거리를 걷는데 왜국의 아이들이 돌멩이를 던지기도 하고 달려와서 치마를 들어 올리면서 깔깔대고 웃었다.

수용소는 허름했으나 이미 수천 명의 조선인들이 끌려와 있었다.

'이제 우리는 어떻게 되는가?'

사기는 앞날을 예측할 수 없어서 불안했다.

호랑이 등에 올라탄 기생

수용소에서 뜬눈으로 밤을 새웠다. 날이 밝자 왜인들이 새끼줄로 올가미를 만들어 포로들의 목에 감았다.

'우리를 개처럼 생각하는구나.'

사기는 나중에야 자신이 팔려가고 있다는 사실을 깨달았다.

왜인들은 그녀가 걸음이 느리면 새끼줄을 당기면서 즐거워했다.

사기는 왜인들이 새끼줄을 잡아당기는 바람에 몇 번이나 엎어지고 넘어졌다.

사기는 거의 이틀 동안이나 끌려갔다. 채찍에 맞으면서 산을 넘고, 내를 건너고, 들판을 가로질러 나흘을 간 뒤에야 마을의 커다란 집으로 들어갔다.

왜인들은 포로들을 도공(陶工), 유기장(鍮器匠), 목공(木工), 악공(樂工), 농부(農夫) 등 장인별로 분류했다. 사기는 기생이라는 사실을 밝히지 않고 베를 짤 수 있다고 손짓과 발짓으로 설명했다.

"이 계집은 직공(織工) 일을 하는 것 같다."

왜녀들이 베틀을 보여주었는데 조선과 베틀도 다르고 방법이 많이 달랐다. 그래도 할 수 있다고 열심히 설명했다. 그러자 왜녀가 나와서 수(繡)를 놓을 수 있는지 물었다. 사기는 땅바닥에 수를 놓을 수 있다고 글을 썼다.

"이 계집이 글도 쓴다."

왜인들이 놀라서 필담(筆談)으로 글을 아느냐고 물었다. 사기도 손가락으로 필담을 할 수 있다고 했다.

동래 할미 이야기가 있는 동래 풍경. 동래 할미의 딸 사기는 임진왜란 때에 일본으로 끌려가 어머니와 헤어지게 된다. 하지만 어머니를 찾겠다는 사기의 노력으로 결국 천신만고 끝에 재회하게 된다. 이 그림을 통해 당시 조선시대 동래 모습을 알 수 있다. | 변박 〈동래부사접왜사도〉. 국립중앙박물관 소장

사기는 왜인의 집에서 수를 놓고 베를 짜게 되었다. 말이 통하지 않아 필담으로 뜻만 간신히 통할 수 있었다.

집의 주인, 나중에 그가 번주(藩主)라는 사실을 알게 되었는데 목의 밧줄을 풀게 해주었다.

사기는 번주의 집 종이 되었다. 그들이 사기의 신분을 물어서 선비의 딸인데 시집을 갔으나 남편이 죽어서 친정어머니를 모시고 혼자 살고 있다고 이야기했다.

"무엇으로 먹고살았는가?"

"베를 짜고 바느질을 하여 먹고살았다."

번주는 50대가 넘은 노인이었으나 열심히 일을 하면 대우를 해줄 것이라고 말했다.

여자 주인은 30대였는데 그녀가 베를 짜는 것을 보고 좋아했다.

'살아 있으면 언젠가는 어머니를 만날 수 있을 거야.'

사기는 열심히 수를 놓고 베를 짜게 되었다. 주인들은 그녀가 짠 베를 좋아했다.

1년이 지나고 2년이 지났다.

'어머니, 제가 돌아갈 때까지 살아 계세요.'

사기는 베를 짜면서 때때로 어머니를 생각했다. 조선에서의 전쟁은 쉬지 않고 계속되었다. 그리고 7년이 지나자 전쟁이 끝나고 포로들이 조선으로 돌아가기 시작했다. 사기는 주인에게 조선으로 돌아가게 해달라고 청했다. 그러나 번주는 좀처럼 돌려보내 주지 않다가 죽을 때가 되어서야 조선으로 돌려보내라고 영을 내렸다. 사기는 전쟁이 끝난 지 10년이 되어서야 가까스로 조선으로 돌아오게 되었다.

'어머니는 잘 계실까?'

사기는 돌아오는 뱃전에서 하염없이 눈물이 흘러내렸다. 지나간 10년을 생각하자 한바탕 꿈을 꾼 것 같았다.

"아우야!"

사기가 돌아오는 선착장에는 언니가 기다리고 있었다. 그녀는 일본에서 배가 올 때마다 혹시나 동생이 돌아오나 싶어 바닷가에 나와 기다렸다고 했다.

"언니······!"

사기는 언니를 부둥켜안고 몸부림을 치면서 울었다. 그녀들을 지켜보던 사람들이 모두 눈물을 흘렸다.

"어머니는 같이 안 왔어?"

한바탕 울고 난 언니가 사기에게 물었다.

"무슨 소리야? 어머니가 왜 나와 같이 와?"

"어머니도 왜국으로 끌려가셨는데 못 만났어?"

청천벽력 같은 일이었다.

"어머니······!"

사기는 땅바닥에 주저앉아 통곡하고 울었다. 어머니가 왜국에 끌려갔을 것이라고는 꿈에도 생각조차 못 했었다.

엄마 찾아 다시 일본으로

사기는 고향에서 며칠 동안 쉬면서 언니에게 자초지종을 들은 뒤에 어머니를 찾아 왜국으로 향했다. 친척들은 어머니가 늙어서 이미 세상을 떠났을 것이라고 했다.

"어머니가 돌아가셨으면 유골이라도 찾아서 고향에 모시겠습니다."

사기는 친척들의 만류를 뿌리치고 언니와 작별한 뒤에 왜국 배에 올랐다. 10년 전에는 포로로 잡혀갔으나 이제는 포로가 아니었다. 게다가 그녀는 이제 왜국 말도 능숙했다. 그러나 왜국은 여전히 남의 나라였다.

사기는 왜국에 도착하자 자신이 10년 동안 머물러 있던 번주를 찾아갔다. 옛날의 번주는 죽고, 그 아들이 번주가 되어 있었다.

"어머니를 찾아 일본에 다시 왔다는 말인가?"

젊은 번주가 감동에 젖어서 말했다.

그는 사기에게 많은 도움을 주었으나 어머니를 찾는 일은 쉽지 않았다.

사기는 일본 전역으로 돌아다니면서 어머니를 찾았다. 왜인들은 그녀가 어머니를 찾는다는 말에 감동하여 서로 도우려고 했다.

"어머니, 제발 살아 계세요."

사기는 구걸을 하면서 왜국을 돌아다니기 시작했다. 낯선 나라, 낯선 땅에서 온갖 고생을 했으나 어머니를 찾는 그녀의 고행은 멈추지 않았다.

그러는 동안 그녀도 늙고 어머니는 더욱 늙었다.

'어머니를 찾아 몇 년 동안 헤매고 다녔다는 말인가?'

왜인들도 크게 놀라 감동하여 눈물을 흘리지 않는 사람이 없었다. 그녀의 이야기가 입에서 입으로 전해지고 왜국에서 모르는 사람이 없게 되었다.

왜국의 추장(酋長, 쇼군으로 추정된다)이 사기의 어머니를 찾으라는 영을 내리고 함께 조선으로 돌아가라고 허락했다. 추장이 나서자 사기는 비로소 어머니를 만날 수 있었다.

"어머니!"

"딸아!"

사기는 어머니를 부둥켜안고 울었다. 두 사람은 무사히 조선으로 돌아와 언니와도 눈물의 상봉을 했다.

사기는 언니와 함께 경상도 함안 방목리에서 살았다. 어머니가 80세가 되어 걸을 수 없게 되자 번갈아 업고 다녀 마을 사람들의 칭송을 받았다.

사기 자매는 사이가 좋았다. 서로 의지하여 품을 팔면서 살았는데 사기는 먹을 것이 생기면 으레 언니가 먼저 먹도록 했다.

사기는 80세가 넘을 때까지 살아 천명을 누렸다.

사기는 사람들이 이름도 모르고 성도 몰라 동래 출신이라고 하여 동래 할미라고 불렀다고 한다. 조선의 문신 허목(許穆)은 남자도 하기 어려운 일을 했다면서 자신의 문집 《미수기언》에 전(傳)으로 사기의 일을 남겼다.

임진왜란 때 일본으로 끌려갔다가 살아 돌아온 사람은 얼마 되지 않는다. 그러나 사기는 10년 동안 온갖 고생을 하다가 돌아왔고 자신이 돌아온 뒤에 어머니를 찾으러 다시 일본으로 건너갔다. 남자도 하기 어려운 일을 여자가 해낸 것이다.

사기는 늙은 기생이고 천민이다. 가진 것이 없어서 언제나 품을 팔았다. 가난 속에서도 어머니를 업고 다닐 정도로 잘 모셨고, 어머니가 죽은 뒤에는 언니에게 지극정성을 다한 형제애를 실천했다.

사기의 이야기는 경상도 지방에 널리 펴져 듣는 이의 가슴을 적셨다고 한다.

5

사는 것이
지옥 같다
임 여인

사람이 사는 곳에는 싸움이 일어나고 살인사건이 발생한다.

조선시대 평민들도 살며 사랑하고 분노하다가 살인사건을 저질렀다. 아내와 간통했기 때문에, 부모·형제를 모욕했기 때문에, 재물이 탐이 나서라는 이유로 살인사건을 저질렀다.

조선시대에는 부모를 살해하거나 남편을 살해하면 강상의 죄를 저질렀다고 하여 참수형에 처한다.

살인사건이 발생하면 해당 고을의 수령이 검험(檢驗)이라고 하여 1차 검시를 하고 이웃의 수령이 재검이라고 하여 2차 검시를 한다. 삼검(三檢)은 도나 유수부와 같은 기관에서 하고, 살인죄는 재판도 일심, 이심을 거쳐 삼심을 하는데 이를 삼복(三覆)이라고 하여 형조를 거쳐 임금이 한다.

정조 5년(1781년) 1월 22일 각 도의 살인사건에 대해 삼복이 열렸는데 경상도 진주에서 발생한 사건이었다. 정원기라는 평민이 같은 마을에 사는 임 여인에게 흑심을 품고 있다가 밤에 몰래 침입하여 강간하려고 했다. 그러나 임 여인이 맹렬하게 저항했고 옥신각신하다가 젖먹이 아기를 밟아 죽여서 살인옥사가 일어난 것이다. 삼복은 재판 끝에 정원기에게 장60도 3천 리의 유배형을 내렸다.

조선에서 평민 여자로 사는 것

임 여인은 아이가 칭얼대자 등에서 내려 젖을 물렸다. 그러잖아도 젖이 묵직하여 아기에게 젖을 먹일 때가 되었다고 생각하던 참이었다.

"아이고, 우리 승종이가 젖을 잘도 먹네."

아기가 젖을 빠는 것을 지켜보던 임 여인은 저절로 미소가 떠올랐다.

"더운가 보네."

임 여인은 아기 이마에 땀방울이 송골송골 맺혀 있는 것을 보고 밭둑의 뽕나무 밑으로 나왔다. 뽕나무의 무성한 잎사귀가 해를 가려 시원한 그늘을 만들어주고 있었다. 그녀의 베적삼과 검정치마도 땀 때문에 걸레처럼 젖어 몸에 감겨 있었다.

오뉴월 뙤약볕이었다. 장마가 그치자 불볕이 내리쬐어 공기가 달아오르고 있었다. 그때 인기척이 들리면서 멀리서 마을 사람인 정원기가 오는 것이 보였다.

"콩밭 매시오?"

정원기가 가까이 오면서 소리를 질렀다.

"예."

임 여인은 적삼을 여미어 커다란 가슴을 가렸다.

"젖 먹이고 있구만."

정원기가 아기를 들여다보는 체하면서 그녀의 풍성한 가슴을 살폈다.

"일 보시오."

정원기가 헛기침을 한 뒤에 멀어져가기 시작했다.

임 여인은 며칠 전부터 정원기가 자신의 주위를 맴돌고 있어서 마음이 편치 않았다. 임 여인은 아기에게 젖을 먹이고 다시 콩밭의 김을 맸다. 장마가 그치자 콩밭에 잡초가 무성했다.

임 여인은 해가 기울 때까지 김을 매고 집으로 돌아왔다. 품앗이 일을 나간 남편이 돌아올 때가 된 것이었다.

한참 저녁을 짓고 있는데 정원기가 어슬렁거리고 울타리 안으로 들어왔다.

'왜 또 온 거야?'

임 여인은 정원기의 얼굴을 보자 얼굴을 찡그렸다.

"애 아버지는 집에 없는데요."

"나도 알아. 품앗이 일을 하러 갔잖아?"

"그런데 무슨 일 이래요?"

"꼭 일이 있어야 오나? 이웃집에 오는데……."

"건너가세요. 남들이 보면 오해해요."

조선시대 여인들은 온갖 궂은일과 집안일을 도맡아 하면서도 인간적인 대우를 받지 못했다. 특히 남편의 구박이나 폭력까지 참아내면서도 살아야만 했다. 그림 속에 나오는 여성들이 빨래하는 모습도 힘들어 보인다. | 신윤복 〈빨래터〉. 국립중앙박물관 소장

"오해는 무슨! 우리가 뭐 수상한 짓 했어?"

"건너가시라니까!"

그때 정원기가 엉거주춤 봉당에서 일어났다. 임 여인이 내다보자 남편이 돌아오고 있었다.

"일은 잘 끝났소?"

"끝났네. 무슨 일로 왔나?"

"지나가다가 물 한 그릇 얻어 마시러 왔소. 가보리다."

정원기가 어깨를 건들대면서 돌아가기 시작했다.

"왔어요? 금방 밥 차릴게요."

"저놈은 왜 왔어?"

"몰라요."

"몰라? 이년이 꼬리 치고 무슨 헛소리야?"

남편이 우악스러운 손바닥으로 임 여인의 뺨을 후려쳤다. 임 여인은 비명을 지르면서 나뒹굴었다.

"이년아, 서방이 두 눈 멀쩡히 뜨고 살아 있는데 꼬리를 쳐?"

남편이 사정없이 임 여인에게 발길질을 했다. 임 여인은 남편에게 정신없이 얻어맞았다.

'내가 무슨 죄를 지었다고!'

남편이 밖으로 나가자 임 여인은 하염없이 울었다.

그러한 일은 몇 달 동안 반복되었다.

어느 사이에 여름이 가고 가을이 시작되었다.

'이렇게 매를 맞고 어떻게 살아?'

임 여인은 남편의 폭력에 시달려 고통스러웠다.

그러던 어느 날이었다. 남편이 돌아오지 않아 아기에게 젖을 물리고 잠이 들었는데 정원기가 방으로 침입하여 달려들었다. 임 여인은 소리를 지르면서 맹렬하게 저항했다.

아기가 자지러질 듯이 울기 시작했다. 그러자 옆집에 사는 시동생이 달려왔다. 세 사람이 옥신각신하는데 아기의 울음소리가 들리지 않았다.

"우리 아기! 우리 아기를 누가 밟았어!"

임 여인이 울음을 터트리면서 통곡했다.

밟혀 죽은 아기

임 여인은 하늘이 무너져 내리는 것 같았다. 아기는 이미 숨이 끊어져 있었다. 뒤늦게 술에 취해 돌아온 남편도 망연자실했다. 시동생도 당혹스러운 얼굴로 어쩔 줄을 모르고 있었다. 마을이 발칵 뒤집히고 동임(洞任)이 마을 장정들을 데리고 와서 정원기를 포박하고 진주 관아에 신고했다.

관아에서 목사가 나와 아기의 시신을 검험했다.

"우리 아기, 우리 아기가 죽었어요."

임 여인은 땅바닥에 주저앉아 넋이 빠져 있었다.

"상처는 어디에 있는가?"

목사가 검시를 마친 약방에게 물었다. 살인사건이 일어난 초가에는 마을 사람들이 잔뜩 몰려들어 웅성거리고 있었다.

"두개골에 있습니다. 누르면 소리가 납니다."

"사인(死因)은 무엇인가?"

"뼈가 부러졌으니 발에 밟힌 것입니다."

"누가 이런 짓을 했는가?"

목사가 동임을 쏘아보면서 물었다.

"정원기라는 자입니다. 임 여인을 강간하려다가 발로 밟아 죽였습니다."

동임이 몸을 떨면서 대답했다.

"살인 죄인을 관아로 끌고 가라! 내일 엄중하게 심문할 것이다!"

목사가 영을 내렸다.

정원기의 옥사는 빠르게 재판이 시작되었다. 삼검까지 마치고 시작된 재판이었다.

진주 목사는 정원기가 임 여인을 강간하려다가 실수로 아기를 밟았으니 살인이라고 주장했고, 정원기는 임 여인의 남편이 매일같이 폭력을 휘둘렀다고 주장했다.

사건은 경상도 감영을 거쳐 형조로 올라갔다.

"한밤중 오두막집에서 치고받고 싸우느라 포대기 속의 젖먹이가 발에 채이고 밟히는 것을 면할 수 없었습니다. 반복해서 조사해 보았으나 사형을 시키는 것이 마땅합니다."

경상도 관찰사가 올린 보고서였다.

"몽둥이로 때렸다는 것은 자연 거짓으로 귀결되었고, 당사자끼리 화해한 것은 숨길 수 없습니다."

형조도 보고서를 올렸다.

"다시 조사하라."

정조가 명을 내렸다.

"남녀가 서로 치고받고 싸울 때에 누구에게 밟혔는지 판별하기 어렵고, 율문(律文, 법률)은 미수에 그친 강간이니, 사형시킨다면 죄인을 불쌍히 여겨 정상을 참작하는 제도에 흠결이 됩니다."

경상도 감영에서 재조사를 하여 보고서를 올렸다.

"설령 정원기에게 채였다고 하더라도 이미 마음먹고 고의로 밟은 것이 아니니, 도신(道信, 580~651)이 논열한 것은 모두 일리가 있습니다."

형조가 보고서를 올렸다.

> "정원기는 이른바 자기가 임 여인의 아들을 죽인 문제를 강중문(仲文, 시동생)이 형수와 조카를 구타한 것에 허물을 돌렸지만, 애당초 이치에 맞지 않아 결국 실패로 돌아갔다. 정원기가 유부녀를 겁탈하려다가 강보에 싸인 어린애를 밟기까지 한 것은 이미 옥안이 이루어

졌고, 사계(査啓)를 거친 바로 지금까지 의심스러운 단서는 거의 없다. 그러나 그 당시 광경을 상상하고 사리를 참작해 볼 경우, 한밤중 오두막집에서 3인이 각축하여 서로 치고받고 좌우에서 번갈아 칠 때에 어린애의 존재는 안중에도 없다가 끝내 밟혔으나 누구의 발에 밟혔는지 확실하지 않다. 뿐만 아니라 '누구에게 밟혔는지 모른다'는 말이 비록 수숙(嫂叔)간의 사사로운 말이라 하더라도 이미 조사하여 심문할 때의 공증(公證)이 되었으니, 이 한 조목을 미루어 법에 의거하여 처벌하기는 어렵다.

시친(屍親)이 거짓으로 당사자끼리 화해하려 했다는 말 또한 의심스러운 점이 있다. 만약 오로지 정원기가 차고 밟은 것을 가지고 기필코 고발하려 했다면, 어찌하여 그날로 관에 고하여 체포할 것을 곧장 청하지 않고 왕래하여 배상을 요구하며 액수를 따지다가 배상을 하지 않자 비로소 고발하였단 말인가? 그러니 이러나저러나 곧장 사형시키는 율문으로 결단하기는 불가하다. 도신의 결사(結辭)가 실로 정확한 의논이니, 청한 대로 강간 미수의 율로 참작하여 정배하라."

정조가 판부(判付, 판결문)를 내렸다. 정원기에게는 강간미수죄만 적용되었다.

여인의 운명

아기는 마을 사람들이 산에 갖다가 묻었다. 봉분도 세우지 않고 평장을 했는데 가족들에게는 무덤을 알려주지 않았다. 가족이 알면 매일 무덤을 찾아와 울기 때문에 묻은 장소를 알려주지 않는 것이 풍습이라고 했다.

정원기는 곤장을 맞고 먼 섬으로 유배를 갔다.

'내 아들을 죽인 놈을 사형시키지 않다니!'

임 여인은 죽은 아들을 생각할 때마다 비통했다.

비가 오거나 눈이 올 때 사방이 조용하면 어디선가 아기 우는 소라가 들리는 것 같아 화들짝 놀라고는 했다.

남편과 시댁 식구들은 정원기의 가족들과 화해했다. 그들에게서 돈을 받았다는 말이 파다했지만 임 여인에게는 그런 일이 없다고 시치미를 떼었다.

남편은 매일 같이 술에 취해 집으로 돌아왔다.

"일은 하지 않고 왜 매일 술만 마셔요?"

"이년이 왜 큰소리야? 아들이 죽어서 슬퍼서 술을 마셨다."

"인제 그만 마셔요."

"이게 다 네년 때문에 일어난 일이잖아?"

"뭐가 나 때문이야?"

"네년이 행실을 잘했으면 이런 일이 일어나? 꼬리도 안 쳤는데 정가 놈이 달려들어?"

남편이 임 여인에게 달려들어 주먹을 휘두르고 발길질을 했다.

"차라리 나를 죽여라!"

"그래! 죽이라면 못 죽일지 알아?"

남편이 임 여인의 머리를 잡고 흔들다가 패대기를 쳤다.

임 여인은 통곡을 하고 울었다.

임 여인의 아들 이름은 강승종이고 발에 밟혀 죽었다. 강간 미수범인 정원기로 인해 사건이 벌어졌으나 누구에게 밟혔는지는 알 수가 없다. 그러나 정원기가 체포되고 가해자들과 합의하려고 했던 것을 보면 정원기의 발에 밟혀 죽었을 가능성이 높다.

조선에서는 오살(誤殺) 사건이 자주 발생했다. 현대적인 용어로는 과실치사에 해당된다고 볼 수 있지만, 조선은 오살이라고 불렀다.

정원기의 강간 미수사건으로 5개월밖에 안 된 어린아이가 죽고 어머니인 임 여인은 평생 죄없이 고통스럽게 살았다.

6

한 맺힌
고금도 처녀바람
역적의 딸, 장녀

조선의 노비 중에는 원래의 신분이 양반이었어도 나라에 죄를 지어 관노나 관비로 추락하는 경우가 많았다. 신분은 오르기는 어려워도 떨어지는 일은 쉬웠다.

《대전회통》을 보면 모반대역(謀反大逆)을 범한 사람의 '할아버지·어머니·처·첩·형제·자매·딸·손자·열다섯 살 이하의 아들, 아들의 처·첩은 노비로 삼는다'는 조항이 있다. 또, 나라를 배반하고 외국과 내통하는 범죄인 모반(謀叛)을 범한 사람의 '처·첩·자녀는 노비로 삼는다'는 조항도 있다.

〈형전〉에는 '강도의 처자식은 소재지 고을의 노비로 삼는다'는 조항도 있다. 아버지가 강도질을 하면 부인과 자식도 노비로 전락하게 되는 것이다.

심지어 단종의 왕비 송 씨, 문종의 딸 경혜공주도 유배되어 노비로 지냈다. 그들은 한때 최고의 신분에 있었기 때문에 노비 생활을 하기가 더욱 쉽지 않았다.

다산 정약용은 정조가 죽은 뒤에 전라도 강진으로 유배되었을 때 학문으로 명성이 자자했던 여헌 장현광(張顯光)의 후손 장현경(張玄慶)의 부인과 딸 그리고 아들이 고금도로 유배되어 비참하게 살다가 죽는 것을 목격했다.

역적의 딸

정약용은 강진의 초당에서 18년 동안 유배 생활을 했다. 이때 그는 수백 권의 책을 저술하여 조선의 지식인으로 불리게 되었다.

그가 유배를 당한 지 10년이 지난 어느 날이었다.

하루는 바람이 심하게 불고 폭우가 쏟아져 마을이 뒤숭숭했다. 밤이 되자 비바람이 더욱 사나워져 파도가 높게 일고 지붕이 날아갈 것 같았다.

"밤새 별고 없으셨습니까?"

이튿날 아침 집을 살피러 온 마을 노인이 말했다.

"별고 없네만 바람이 심하게 부는군."

정약용은 비바람 소리 때문에 잠을 이루지 못해 부스스한 얼굴로 마을을 살폈다. 마을엔 지붕이 날아간 집도 있고 아름드리나무가 부러진 곳도 있어 어수선했다.

"처녀바람(處女風)입니다."

"처녀바람? 그게 무언가?"

"장 씨 처녀의 원한이 몰고 오는 폭풍우라고 합니다."

정약용은 노인에게 장 씨 처녀에 대한 이야기를 들을 수 있었다.

장 씨 처녀는 안동에 살던 장현경의 딸이었다.

정조가 죽고 얼마 되지 않았을 때, 경상도 안동지방에는 정조 독살설이 파다하게 나돌았다.

문장가로 유명한 장현광(張顯光)의 후손인 장현경(張玄慶)은 안동에 살고 있었는데, 부사가 친척인 이갑회(李甲會)여서 자주 어울리고는 했다.

"현재의 영상대감이 역의(逆醫) 심인(沈䥴)을 천거하여 임금에게 독약을 올리게 하였다. 그런데 나는 이 역적을 내 손으로 제거할 수 없다."

장현경이 울분에 차서 이갑회의 아버지에게 말하자 그가 강개하여 눈물을 흘렸다.

이 무렵, 이갑회가 아버지 생일을 위해 술자리를 마련하고 기녀를 불렀다. 그리고 아전을 보내 장현경의 부자(父子)에게 함께 와서 놀

강진의 초당에서 18년간 유배 생활하며 수백 권의 책을 저술해 조선의 지식인으로 불린 정약용. 억울하게 역모로 몰린 장현경의 부인과 딸이 노비로 전락하고, 그들의 원한으로 인해 비바람이 몰아치는 것이라고 정약용은 〈염우부(鹽雨賦)〉라는 제목의 시를 지어 장 씨 처녀의 원혼을 달랬다.

| 정약용 초상. 다산 정약용센터 소장

기를 청했다.

"국상이 아직 끝나지 않았는데 잔치를 하고 술을 마시는 것은 옳지 못하다. 때를 보아서 하라."

장현경은 심부름을 온 아전에게 눈을 부릅뜨고 야단을 쳤다.

아전의 말을 들은 이갑회는 가슴이 철렁했다.

"저놈이 감영에 고하면 큰일이다."

이갑회는 고민을 하다가 장현경이 역모를 일으켰다고 고변했다.

안동 일대는 발칵 뒤집혔다. 암행어사가 파견되고 안동에 무서운 검거 선풍이 일어났다. 그러나 역모를 일으켰다는 특별한 증거가 없었다. 그러나 역모 사건이었기 때문에 철저하게 조사가 이루어지고 가혹한 고문이 계속되었다.

장현경과 친분이 있던 사람들 수십 명이 체포되어 혹독한 고문을 당한 뒤에 장현경은 참수되고 장현경의 처와 두 딸 그리고 어린 아들은 신지도의 노비로 전락했다.

'어찌 이럴 수가 있는가?'

명문가의 부인에서 하루아침에 노비로 전락한 장처(張妻)는 비참했다. 그들은 안동에서 신지도로 머나먼 유배길을 떠났다.

유배길은 험난하고 고달팠다. 어린 아들과 두 딸과 함께 장처는 신지도로 가면서 입술을 깨물었다. 유배길은 나졸들이 호송하는데 가는 곳마다 그곳 고을 수령에게 신고를 해야 했고, 고을마다 호송하는 나졸이 바뀌었다.

아침과 저녁은 고을의 객사에서 얻어먹고 점심은 주막에서 사 먹어야 했다.

'유배지에 가기도 전에 굶어 죽겠구나.'

장처는 패물과 돈을 잘 숨겼다.

아이들은 하루에 수십 리씩 걷는 길을 힘들어했다. 노비만 수십 명씩 거느렸던 그들이었다. 아이들은 나졸들의 호송을 받으면서 유배를 가다가 길에서 쓰러지기도 했다.

"힘을 내라. 돌아가신 아버지를 생각해야지."

장처는 아이들을 격려하고 달래면서 마침내 신지도에 이르렀다.

'우리가 평생을 노비로 살아야 한다는 말인가?'

장처의 처지는 비참했다. 그러나 어린아이들 때문에 자진도 하지 못하고 섬에서 고달픈 관노 생활을 하기 시작했다.

'언젠가는 좋은 시절이 오겠지.'

장처는 철썩이는 바다를 보면서 눈물로 세월을 보냈다. 그러는 동안 1년이 지나고 2년이 지나고 10년이 되었다.

가난하고 힘든 섬 생활이었으나 큰딸은 20세가 되었고 작은딸은 14세, 아들은 10세를 넘었다.

그들은 신지도에서 강진이 코앞에 보이는 고금도로 옮겨와 진영(鎭營)에서 허드렛일을 하고 관노로 하루하루를 보냈다.

그러던 어느 날 진영의 군졸 하나가 술에 취해 돌아가다가 장현경의 큰딸 장녀(張女)를 울타리 사이로 보게 되었다.

'참으로 아름답구나.'

군졸은 장녀에게 다가가서 치근덕거렸다.

"내가 비록 지금은 노비라고 해도 명문 사대부의 자식이오! 그런 나를 어찌 군졸이 감히 나를 넘볼 수 있소?"

장녀는 한 마디로 잘라 거절했다.

"귀양 온 죄인 주제에 내 말을 안 들어? 네가 아무리 거절해도 내 여자로 만들어 버릴 것이다."

군졸은 장녀를 매일 같이 위협하고 괴롭혔다.

'참으로 고약한 놈이다. 어찌 이럴 수가 있는가?'

장녀는 군졸이 괴롭히자 하루하루가 고통스러웠다.

"하늘이 원망스럽구나. 우리에게 어찌 이런 시련을 준다는 말이냐?"

장처와 장녀는 매일같이 부둥켜안고 울었다.

그러나 군졸의 횡포는 더욱 심해졌다.

'이렇게 괴롭힘을 당하느니 차라리 죽고 말 것이다.'

장녀는 더 이상 견디지 못하고 절벽으로 달려 올라가 뛰어내렸다.

"아가!"

장처가 소리쳐 부르면서 뒤따라갔으나 놓치고 말았다.

"아아, 이렇게 살아야 무얼 하나?"

장처가 통곡하자 둘째 딸도 눈물을 흘리면서 뛰어내리려고 했다.

"안 된다. 너는 돌아가 관가에 이 사실을 알리고 어린 동생을 키워라."

장처는 둘째 딸을 만류하여 관가로 보내고 자신도 절벽에서 바다로 뛰어내려 죽었다.

원한의 바람

둘째 딸은 단숨에 보장(堡將)에 달려가 알렸다. 보장이 깜짝 놀라 배를 끌고 바다로 나가 시체 두 구를 건져 올리고 강진 현감이 달려왔다. 군졸은 장녀에게 치근덕거리고 괴롭힌 일이 발각될까 두려워 현감 이건식(李健植)에게 뇌물을 바쳤다.

"모쪼록 살펴주십시오."

군졸이 이건식에게 머리를 조아렸다.

"시체에 외상이 없으니 자진한 것이 틀림없다."

현감 이건식이 검시를 했다. 검시를 마친 뒤에는 시친(屍親, 죽은 사람의 친인척)을 불러 조사해야 했으나 이건식은 필요한 조치를 하지 않았다.

"역적의 딸이 자진한 것으로 감영에 고하라."

이렇게 이건식은 사건을 종결하려고 했다.

"사유를 무엇이라고 합니까?"

강진의 아전이 이건식에게 물었다.

"신세를 한탄하다가 자진했다고 하라."

"장 씨의 둘째 딸이 군졸을 고발했습니다."

"장 씨 일가는 역적이다."

이건식이 잘라 말했다.

강진현은 장 씨 처와 큰딸이 자진했다는 사실을 전라도 감영에 보고했다. 그러나 감영에서 아무런 조치를 취하지 않자 둘째 딸은 해남수군사(海南水軍使) 권탁(權逴)을 찾아가 눈물을 흘리며 억울한 사정을 호소했다.

"군졸은 사납고 현감이라는 자는 얼굴이 두껍다!"

수군사 권탁은 분노했다. 그는 즉시 장계를 올려 신지도 보장과 강진 현감을 파직해 달라고 청했다.

강진 현감 이건식은 사건이 커지자 아전을 통해 뇌물 천 냥을 관찰사에게 주었다. 관찰사는 검안을 현에 되돌려 보내고 장계도 한양으로 보내지 않았다. 결국, 장녀를 핍박하여 죽게 만든 사건은 흐지부지되었다

해가 바뀌고 7월 28일이 되었다. 갑자기 사나운 바람이 불어 모래를 자욱하게 날리고 돌을 굴렸다. 파도가 산처럼 거대하게 일어나 해안을 덮쳤다. 사나운 비바람은 며칠 동안이나 계속되어 해안의 곡식과 초목이 모두 소금물에 젖어 말라죽었다. 사람들은 모두 장씨 처녀의 원혼이 통곡하는 것이라고 하여 처녀풍(處女風)이라고 불렀다.

'귀양도 억울한데 비명에 죽기까지 했으니 얼마나 원통하겠는가?'

정약용은 〈염우부(鹽雨賦)〉라는 제목의 시를 지어 장 씨 처녀의 원혼을 달랬다.

동남방에서 세찬 바람 일어	風發巽維
태양을 집어삼킨다.	爰自食日
수레가 달리듯 돌이 구르듯	軒磰隱訇
거세게 보에 몰아치고	熛怒激疾
온 세상을 요란하게 하네.	唬聒宇宙
온갖 귀신을 불러	號召鬼神
산과 들판에 휘몰아치네.	歃山欻野

정약용은 태풍이 몰아치는 풍경을 생생하게 묘사하고 있다. 음력 7월 하순이면 한반도에는 계절풍이 몰려오는 계절이다. 강진 바닷가에서 보는 폭풍우는 마치 세상에 종말이 온 듯했다.

| 쏴아쏴아 철썩철썩 | 潚淸泉瀏 |
| 이리저리 몰아치니 | 澎湃減汨 |

강진은 바닷가니 해일도 몰아쳤을 것이다. 산더미 같은 바닷가 마을을 덮치는 모습은 아귀가 포효하는 모습일 것이다.

그 비바람 속에서 장현경의 부인과 딸의 모습도 상상해 볼 수 있다.

| 천지는 참담하여 빛줄기 하나 없는데 | 天地黯慘而無光 |
| 숲은 스산하여 생기를 잃었구나. | 林園蕭素而失彩 |

바다가 포효하고 숲은 미친 듯이 아우성을 치는 듯 하였다. 장녀의 원한이 쌓인 통곡 소리가 들려오는 듯하다.

정약용은 장녀가 억울하게 죽었는데도 법이 다스리지 않는 것을 보았다. 그는 사람들이 반성하여 악을 징벌하고 선을 장려하자고 끝을 맺는다.

개혁 군주인 정조의 죽음과 독살설은 남인들의 본거지인 영남지방에서 확산되고 있었다. 이 과정에서 영남의 유림인 장현경이 희생되었고 안핵사 이서구가 파견되어 조사한 뒤에 대부분 사람들을 무죄로 석방했다. 그러나 장현경은 역적의 주모자로 이름이 거론되었기 때문에 처형되었고, 가족들은 모두 유배를 간 것이다. 역모를 일으키려고 했다는 증거는 하나도 없었다.

장현경은 억울하게 역적이 되어 죽었는데 그의 부인과 큰딸도 고금도에서 비참하게 죽었다. 딸과 부인은 군졸에게 핍박을 당하기는 했으나 자살했다. 사대부 가문의 신분으로 살다가 천민이 되어 10년 동안 살아온 삶이 신산스러웠다.

정약용은 강진에 유배되어 있으면서 장현경의 처와 딸의 억울한 죽음을 직접 목격했다. 사대부 신분에서 노비로 전락한 여인들의 한과 원이 처녀풍이라는 비바람이 되어 몰아친다는 이야기를 전해왔으니 그곳 주민들도 여인들의 억울함을 알고 있다는 뜻이다.